A UNIÃO EUROPEIA
E O TERRORISMO TRANSNACIONAL

ANA PAULA BRANDÃO | MARIA RAQUEL FREIRE
MANUEL GUEDES VALENTE | DIANA FERREIRA OLIVEIRA

A UNIÃO EUROPEIA
E O TERRORISMO TRANSNACIONAL

Coordenação:
ANA PAULA BRANDÃO

ALMEDINA

A UNIÃO EUROPEIA E O TERRORISMO TRANSNACIONAL

AUTORES
ANA PAULA BRANDÃO | MARIA RAQUEL FREIRE
MANUEL GUEDES VALENTE | DIANA FERREIRA OLIVEIRA

COORDENADORA
ANA PAULA BRANDÃO

EDITOR
EDIÇÕES ALMEDINA. SA
Av. Fernão Magalhães, n.º 584, 5.º Andar
3000-174 Coimbra
Tel.: 239 851 904
Fax: 239 851 901
www.almedina.net
editora@almedina.net

PRÉ-IMPRESSÃO | IMPRESSÃO | ACABAMENTO
G.C. GRÁFICA DE COIMBRA, LDA.
Palheira – Assafarge
3001-453 Coimbra
producao@graficadecoimbra.pt

Maio, 2010

DEPÓSITO LEGAL
311545/10

Os dados e as opiniões inseridos na presente publicação
são da exclusiva responsabilidade do(s) seu(s) autor(es).

Toda a reprodução desta obra, por fotocópia ou outro qualquer
processo, sem prévia autorização escrita do Editor, é ilícita
e passível de procedimento judicial contra o infractor.

Biblioteca Nacional de Portugal – Catalogação na Publicação

A UNIÃO EUROPEIA E O TERRORISMO TRANSNACIONAL

A União Europeia e o terrorismo transnacional / Ana Paula Brandão...
[et al.]
ISBN 978-972-40-4245-9

I – BRANDÃO, Ana Paula

CDU 341
     343

ÍNDICE

Introdução 7

A security actorness europeia e o terrorismo transnacional
   Ana Paula Brandão 9

A externalização da abordagem compreensiva: o caso UE-Rússia
   Maria Raquel Freire 43

Cooperação judiciária em matéria penal no âmbito do terrorismo
   Manuel Guedes Valente 65

A centralidade da Cooperação Policial e Judiciária em matéria Penal na luta antiterrorista europeia
   Diana Ferreira Oliveira e Ana Paula Brandão 97

Notas sobre os autores 119

INTRODUÇÃO

Em 11 de Março de 2004, a ameaça terrorista transnacional deixou de ser um 'problema americano' relativamente ao qual a União Europeia manifestava a sua solidariedade e apoio. Contrariando uma história de inacção colectiva, porque o terrorismo era considerado um problema nacional (leia--se da reserva soberana da Espanha e do Reino Unido), no pós 11 de Setembro, e de forma mais intensa, no pós 11 de Março, assiste-se a um *crescendum* discursivo, deliberativo e operacional. Os ataques em espaço europeu confrontaram a *polity* pós-vestefaliana com a ameaça transnacional. A resposta traduziu-se numa securitarização colectiva do terrorismo transnacional.

A presente publicação reúne quatro comunicações apresentadas em dois painéis subordinados ao tema 'A União Europeia e o Terrorismo Transnacional' do V Congresso da Associação Portuguesa de Ciência Política (APCP, Aveiro, Março de 2010). Os autores integram a equipa de investigação do Projecto "A Coordenação Europeia Multinível na Luta contra o Terrorismo Transnacional: o Caso de Portugal e Espanha" (PTDC/CPO/64365/2006) financiado pela Fundação para a Ciência e Tecnologia (FCT). O projecto compreende três eixos temáticos – *security actorness* da União Europeia, UE e terrorismo transnacional, coordenação multinível na luta contra o terrorismo – resultando esta colectânea da investigação sobre os dois primeiros eixos.

No primeiro capítulo é analisado o contributo da luta contra o terrorismo transnacional na construção da *security actorness* da União Europeia. O segundo capítulo incide sobre a externalização da abordagem compreensiva do actor de segurança europeu nas relações com a Rússia. No terceiro capítulo é abordado o papel da cooperação judiciária em matéria penal na prevenção do terrorismo. O último capítulo versa sobre a centralidade dos meios policiais e judiciários da União no âmbito da abordagem compreensiva da ameaça transnacional.

Uma nota final de agradecimento à FCT pelo apoio concedido à investigação e à participação no Congresso APCP, aos comentadores que apreciaram as comunicações – General Carlos Martins Branco e Professor José António Palmeira –, bem como ao Sistema de Segurança Interna (SSI) pelo apoio à publicação da investigação produzida.

SECURITY ACTORNESS EUROPEIA E TERRORISMO TRANSNACIONAL

ANA PAULA BRANDÃO

O debate sobre a segurança, como conceito, como disciplina e como política, foi estimulado pela complexidade do ambiente do pós-Guerra Fria. E se num primeiro momento se debateu a natureza da(s) ameaça(s), rapidamente esta discussão se estendeu ao(s) objecto(s) referencial(ais) e ao(s) providenciador(es) da segurança.

Durante a Guerra Fria a ameaça estava identificada (político-militar, intencional, de fonte e alvo estadual) e a conflitualidade era predominantemente inter-estadual. No pós-Guerra Fria, as ameaças e os riscos são difusos, indirectos, multisectoriais, originadas por e tendo como alvo uma multiplicidade de actores, incluindo os não estaduais. A conflitualidade é, predominantemente, de natureza intra-estadual associada à fragilidade do Estado e/ou à factores identitários e potenciadora de ameaças transnacionais (KALDOR 2006).

O paradigma realista consagrou a segurança como um domínio reservado Estado e a separação entre segurança externa e segurança interna, institucionalizada na separação de competências desde o mais alto nível político até ao plano operacional. A mutação do ambiente de segurança evidenciou os limites do paradigma e do institucionalismo centrados no Estado.

O projecto monnetiano nasceu para dar resposta a uma preocupação securitária vestefaliana – o conflito entre Estados – através de um meio pós-vestefaliano: institucionalismo supranacional, incrementalista e sectorial. O processo de integração europeia operou uma 'revolução silenciosa' nas relações internacionais e tem demonstrado o seu dinamismo em três aspectos essenciais: construção de uma *polity* pós-vestefaliano, alargamento e aprofundamento. Este último também passa pela consagração de competências no domínio da segurança (*latu sensu*). Numa primeira fase, prevaleceu uma abordagem fragmentada entre pilares não comunicantes. À cooperação *de facto* inter-pilares (primeiro e segundo pilares) inspirada pelo nexo segurança-desenvolvimento, seguiu-se a abordagem compreensiva potenciada pela luta contra o terrorismo transnacional. A complexidade da ameaça passou a exigir meios dos três pilares da União (transpilarização).

Num contexto em que o discurso comunitário tem sido prolixo na identificação dos "desafios da Europa num mundo globalizado", entre os quais se incluem os desafios securitários, impõe-se a reflexão sobre a *security actorness* da União. É a União Europeia uma nova forma de actor de segurança? Em caso afirmativo, é a União o actor de segurança mais adequado para responder aos complexos desafios securitários do pós pós-Guerra Fria? Qual o contributo da luta contra o terrorismo transnacional para a construção da *security actorness* europeia? Quais são as capacidades/potencialidades vs. constrangimentos/debilidades do actor?

A *actorness* europeia: apontamento teórico

A União Europeia impõe-se como um desafio teórico e prático, um caso único que tem produzido uma profusão de conceitos, abordagens e teorias (micro, mesa e macro), sendo manifesta a dificuldade da literatura das Relações Internacionais e da Ciência Política em acomodar este actor *sui generis* (BRETHERTON e VOGLER 2007)[1]. Os elementos inovadores da UE são indiciadores da mudança e, simultaneamente, contribuem para a transformação de um sistema internacional que combina vestefalianismo e pós-vestefalianismo.

A teorização sobre a integração europeia compreende três tempos que se traduzem em três agendas de investigação que hoje coexistem: a dimensão interna da integração, quer como processo, quer como situação; a CE/UE como actor internacional; a União Europeia como actor de segurança.

---

[1] "The mismatch between the language of international affairs and the institutional and procedural realities of the EC has created an oasis for theoretical dispute and occasional obfuscation" (HOLLAND 1996, 2).

Numa primeira fase, e ainda que com o recurso a conceitos, abordagens e teorias das Relações Internacionais, o olhar académico privilegiou a dinâmica interna do processo, quer como uma nova forma de relações internacionais superadoras das relações vestefalianas (neofuncionalismo), quer como uma forma de cooperação interestadual intensa (intergovernamentalismo). 'Porquê teve lugar a integração europeia?' 'Como podemos explicar os *outcomes* da integração?' eram as perguntas norteadoras da investigação. O contributo mais tardio da Ciência Política, ao incidir sobre a governação, confirmou a tendência a agenda de investigação incidir sobre a dimensão interna da UE: 'Que tipo de sistema político é a União Europeia?' (WIENER 2007).

União Europeia, actor internacional

A crescente afirmação da União como actor internacional suscitou a formulação de abordagens explicativas da dimensão externa de um actor singular e complexo. Tal como na primeira fase não se chegou a um consenso sobre a componente interna do actor, na segunda fase abundaram as propostas heurísticas da projecção externa do mesmo: de "não actor" a "actor global (BRETHERTON e VOGLER 2007; TÈLO 2007), passando por "actor inapto"[2] ou "actor parcialmente construído"[3] (NUGENT 2006).

À partida, dois constrangimentos limitaram a análise da actuação internacional da União Europeia. O primeiro decorre da herança paradigmática realista. O segundo está associado à abordagem desintegrada do actor formalizada pela estrutura em pilares do mesmo.

Os pressupostos realistas e a decorrente tentação de comparabilidade com os *statecentric actors* explicam o não reconhecimento da União Europeia como actor internacional, por uns, e a análise espartilhada da mesma como organização intergovernamental, por outros. Constatadas as limitações heurísticas das abordagens vestefalianas, enveredou-se pela análise da capacidade e do impacto da actuação internacional da União, ainda que salvaguardando a natureza específica da mesma. A terminologia

---

[2] ROBERT KAGAN. 2003. *Of Paradise and Power: America and Europe in the New World Order.* New York: Alfred A. Knof.
[3] NEIL NUGENT. 2006. *The Government and Politics of the European Union.* 6th ed. Hampshire: Palgrave Macmillan, 2006.

evidencia essa especificidade – *actorness* (HILL 1993)[4], presença (ALLEN e SMITH 1990, HILL 1993). Os novos conceitos são sintomáticos da transição de um sistema internacional vestefaliano, protagonizado pelos Estados, para um sistema internacional complexo caracterizado pela profusão e diversificação de actores.

Na busca da compreensão desta "new form of international actor which has defied categorization", Charlotte Bretherton e John Vogler (2007) adoptam o construtivismo, superador da clássica clivagem agente-estrutura, para estabelecer a ponte entre as abordagens que privilegiam o comportamento do actor (behavioristas) e aquelas que põem a tónica na estrutura que constrange o actor (estruturalistas). A *actorness* da UE é definida por três elementos conceptuais: presença, oportunidade e capacidade[5].

No que respeita à presença, importa distinguir as dimensões objectiva e subjectiva (ALLEN e SMITH 1990), isto é, não basta o actor ter efectivamente impacto, é necessário que o mesmo seja reconhecido. A este nível, deve ser considerado o reconhecimento não apenas por actores externos (Estados, Organizações Internacionais, ONG), como também o reconhecimento pelo próprio actor e pelas suas unidades constituintes.

No que concerne a capacidade, justifica-se uma especificação: capacidade institucional (órgãos próprios com capacidade de decisão, órgãos específicos associados às matéria de incidência externa); capacidade política (elaboração e implementação de políticas de e com incidência externa, definição de prioridades e *agenda-setting*, coesão interna mínima, legitimação interna do processo político externo); capacidade jurídica (adopção de normas jurídicas e tratados); capacidade diplomática (capacidade formal e real de negociação e representação internacional); capacidade humana e material (recursos humanos, materiais e financeiros próprios).

Finalmente, de notar que os conceitos enunciados por Bretherton e Vogler não invalidam a explicitação de um quarto – a autonomia do

---

[4] O termo é aplicável a unidades do sistema internacional que não cumprem os requisitos estaduais (*vide* Carol A. COSGROVE e Kenneth J. TWITCHETT. 1970. *The New International Actors: The UN and the EEC*. London: Macmillan; GUNNAR SJÖSTEDT. 1977. *The External Role of European Community*. Farborough: Saxon House).

[5] [presence] "ability of the EU, by virtue of its existence, to exert influence beyond its borders"; [opportunity] "factors in the external environment of ideas and events that constraint or enable actorness"; [capacity] "the availability of policy instruments and understandings about the Union's ability to utilize these instruments, in response to opportunity and/ or to capitalize on presence" (BRETHERTON e VOGLER 2007, 24).

actor[6] relativamente quer ao ambiente em que se situa, quer às unidades que dele fazem parte.

Cumprindo estas condições, a União Europeia afirma-se, de facto, como um actor internacional e é percebido (por terceiros, pelo próprio e pelas unidades que dele fazem parte) como tal. Um actor que não se enquadra nas categorias *statecentric* – Estado e organização internacional (intergovernamental). Ainda que as suas unidades constituintes sejam os Estados, distingue-se destes tendo uma capacidade de actuar individual e colectivamente, participando e influenciando as relações internacionais e gerando, ela própria, relações internacionais.

A validação da UE como actor internacional não deve ser, todavia, confundida com o desempenho do mesmo. Quando se avalia o actor e se constata défices de coerência e de coordenação (inter-pilares, inter-políticas, inter-institucionais e inter-níveis), insuficiência de visibilidade internacional, limitação de recursos, *gap* entre capacidades e expectativas (HILL 1993), *gap* entre proclamação e implementação[7], a análise reporta-se à eficácia e não à existência do actor.

Se a tentação realista de comparabilidade com o actor estadual foi limitadora da compreensão da singularidade da *actorness* europeia, o mesmo se pode afirmar da análise fragmentada do actor europeu. Cumpre lembrar que a CEE compreendeu, desde o início, uma dimensão externa associada antes de mais à política comercial comum e ainda à (então designada) política de ajuda ao desenvolvimento. A crescente afirmação comercial do espaço integrado e a criação de uma rede complexa de acordos com países terceiros atraíram o interesse, num primeiro momento, pela dimensão económica das relações externas. À vertente económica somaram-se a vertente política, informalmente iniciada, na década de 70, pelo processo de Luxemburgo (CPE) e, posteriormente, institucionalizada pelo Acto Único Europeu, e a vertente securitária através da criação do segundo pilar (Política Externa e de Segurança Comum). Gradualmente, à boa maneira monnetiana, a União completou o *puzzle* externo: económico, político, securitário.

---

[6] A autonomia implica um grau mínimo de distinção e um grau mínimo de coesão interna (COSGROVE e TWITCHETT 1970 – *vide* nota 4). Este elemento é particularmente relevante para analisar a *actorness* da UE no domínio da segurança, considerando a natureza intergovernamental da cooperação (e dependência da União relativamente à vontade política e aos recursos estaduais).

[7] AA.VV. 2009. A Future Agenda for the European Security and Defence Policy (ESDP). Working Paper. [http://www.iris-france.org/docs/pdf/up_docs_bdd/20090304-142336.pdf]

Esta evolução teve três consequências. (1) As primeiras políticas de incidência externa localizaram-se no sector económico, pelo que a análise da actuação internacional da (então) CEE desenvolveu-se, predominantemente, no quadro da Economia Política Internacional. (2) Após a criação da Cooperação Política Europeia, foi identificado um *economic-political actorness gap* o que justificou a caracterização da CEE, e mais tarde da UE, como um actor parcial. (3) Finalmente, a criação dos pilares gerou, no plano prático, uma actuação descoordenada que prejudicou a coerência, eficácia e potencialização do actor e, no plano académico, a análise fragmentada do mesmo. A crescente consciencialização dos constrangimentos decorrentes desta fragmentação tem conduzido, na última década, à adopção, no plano prático, de medidas tendentes a favorecer a coordenação interpilares/interpolíticas e a coerência do actor e, no plano académico, de abordagens amplas da *actorness* internacional da União.

União Europeia, actor de segurança

O Tratado de Maastricht plasmou o modelo estadual baseado na separação entre segurança externa e 'segurança interna'[8], reforçada pela estrutura em pilares. Tal justifica que a investigação tenha seguido agendas específicas, não comunicantes, prevalecendo o tratamento das questões da 'segurança europeia' no quadro do segundo pilar. Esta prevalência explica, por sua vez, a emergência da questão da *security actorness* associada à PESD[9]. A implementação de operações no terreno contribuiu

---

[8] A matriz conceptual no domínio da segurança foi construída pelo e para o actor estadual (veja-se, designadamente, a separação teórica, política e operacional, entre segurança interna e segurança externa). Essa matriz evidencia os seus limites face à expansão e intensificação dos desafios transnacionais à segurança, ao alargamento e aprofundamento do conceito no domínio das Relações Internacionais (Ana Paula BRANDÃO. 2004. "Segurança: Um Conceito Contestado em Debate." In *Informações e Segurança – Estudos em Honra do General Pedro Cardoso*, ed. Adriano Moreira. Lisboa: Prefácio: 37-55), às dinâmicas de externalização da segurança interna e à emergência de 'providenciadores' de segurança não estaduais. A utilização das aspas justifica-se porque o termo de 'segurança interna', historicamente associado ao terceiro pilar, reporta-se, em rigor, à segurança transnacional. De notar, adicionalmente, que na luta contra as ameaças transnacionais a UE adoptou, com particular incidência no pós 11/09, uma abordagem transpilares, com recurso a instrumentos não apenas do referido terceiro pilar, como também do primeiro e segundo pilares.

[9] Ilustrativa desta ligação é a obra colectiva editada por Álvaro de VASCONCELOS, Director do Instituto de Estudos de Segurança da União Europeia (EU-ISS). 2009 What Ambitions for European Defence in 2020? Paris: EU Institute for Security Studies. [http://www.iss.europa.eu/uploads/media/What_ambitions_for_European_defence_in_2020.pdf].

ainda para o reconhecimento da *security actorness* por actores externos, herdeiros do legado realista que valoriza a componente militar e a distinção clássica entre segurança interna e segurança externa.

A investigação sobre a 'segurança interna' no quadro mais amplo da cooperação JAI, desenvolveu-se de forma autónoma. "For a long time literature dealing with security issues in the context of European integration tended to focus only on traditional external and particularly military security issues. Yet during the 1990s internal security started to occupy increasingly prominent place on the agenda of the European Union (EU)" (MITSILEGAS, MONAR e REES 2003, 1). Um dos principais contributos sobre a União como actor de segurança interno é a obra colectiva *The European Union and Internal Security: Guardian of the People?* publicada em 2003.

Por último, de notar que o primeiro pilar também concorreu para a construção do actor de segurança, particularmente no domínio da prevenção de conflitos e do *peacebuilding*. Considerando a natureza inicialmente económica da CEE, que começou por se afirmar internacionalmente nos domínios da política comercial, da política da cooperação para o desenvolvimento e da ajuda humanitária, não é de estranhar que tenha assumido o(s) nexo(s) paz-desenvolvimento/pobreza-conflito e privilegiado a acção sobre as causas profundas (*root causes*) dos conflitos[10]. Esta conexão, que se relecte também na introdução da dimensão da segurança nos acordos com países em desenvolvimento, favoreceu a cooperação inter-pilares (primeiro e segundo pilares). No quadro da revisão da política de desenvolvimento iniciada em 1995, a UE passou a incorporar a prevenção de conflitos na política de desenvolvimento, inicialmente associada a Africa[11], com incidência na análise de conflito, no alerta precoce e na acção rápida.

A abordagem transpilares adoptada na luta contra o terrorismo internacional, a importância crescente da dimensão civil da PESD, exigindo também ela uma coordenação inter-pilares, e o papel progressivo da

---

[10] "European Commission Checklist for Root-Causes of Conflict/Early-Warning Indicators". [http://ec.europa.eu/external_relations/cfsp/conflict_prevention/docs/cp_guide_en.pdf].

[11] Council of the European Union, "Preventive Diplomacy, Conflict Resolution and Peacekeeping in Africa" December 1995; European Commission, "The EU and the Issue of Conflict in Africa: Peace-building, Conflict Prevention and Beyond", 1996; Council of the European Union, "The Role of Development Co-operation in Strengthening Peace-building, Conflict Prevention and Resolution", 1998.

Comissão neste domínio, favoreceram a teorização da União Europeia como um actor compreensivo, multidimensional, na qual se enquadra a obra *EU Security Governance* de Emil Kirchner e James Sperling (2007). Os autores identificam os desafios funcionais que enfrenta a UE no pós Guerra Fria: resolução de conflitos interestaduais; gestão de conflitos intra-estaduais; construção do Estado; construção das instituições e da sociedade civil. A resposta da União é organizada em quatro categorias que abrangem os antigos três pilares – prevenção (de conflitos inter e intra-estaduais), *assurance* (*peace-building*), protecção ('segurança interna') e compulsão (*peace-making, peace-keaping e peace-enforcement*). Os autores concluem que "[T]he EU is quasi-autonomous actor; it remains dependent upon the acquiescence and resources of its member states in the formulation and execution of security policy. But the EU is a significant and increasingly autonomous security actor, particularly in formulating and executing the policies of prevention and assurance."

Emil Kirchner e James Sperling não consideram a luta contra as ameaças transnacionais como um dos desafios funcionais da União e inserem-na na categoria 'protecção' associada ao antigo terceiro pilar. Esta categorização pode ser, no entanto, limitadora se consideramos três aspectos: a multidimensionalidade das ameaças que exige o contributo inter-políticas; a securitarização extensiva à segurança ambiental e à segurança energética cujos meios dependem primordialmente de políticas do antigo primeiro pilar; a transpilarização *de facto*; a externalização da cooperação no domínio da 'segurança interna'. A resposta ao terrorismo transnacional, que marca uma nova fase da construção do actor de segurança europeu, evidencia também a limitação de uma categorização restritiva.

Um actor de segurança em construção

A especialização económica da organização internacional europeia e o fracasso do projecto da Comunidade Europeia de Defesa associados à natureza da ameaça e à garantia das necessidades de segurança pelos EUA e pela NATO, no período da Guerra Fria, adiaram a incorporação da agenda securitária. Apesar da explicitação do actor de segurança (e da subsequente teorização) se concretizar no pós-Guerra Fria, pode afirmar-se que a problemática da segurança é ubíqua no processo de integração europeia.

Subjacente à criação da CECA esteve uma preocupação de segurança clássica, reactiva contra a guerra europeia mundializada e preventiva de um novo conflito inter-estadual. O projecto monnetiano, assente numa estratégia institucionalizada, sectorial e gradual, propôs-se, pela via da integração do sector do carvão e do aço, com base numa organização pós--vestefaliana, garantir a paz franco-germânica, condição da paz europeia. "European integration has always involved the use of economic cooperation to reduce political conflicts among EU member states" (SMITH 2004, 7).

Contrariando o cepticismo académico (realista) relativamente à utilidade do conceito de "comunidade" no mundo da *power politics*, dos interesses nacionais, da anarquia e do dilema de segurança, a União Europeia demonstrou ser possível, ainda que à escala regional, concretizar "[T]he idea that actors can share values, norms, and symbols that provide a social identity, and engage in various interactions in myriad spheres that reflect long-term interest, diffuse reciprocity, and trust" (ADLER e BARNETT 1997, 3).

Superando uma história multissecular de conflitualidade interestadual cruenta, os Estados europeus construíram uma comunidade em que há "a real assurance that the members of that community will not fight each other physically, but will settle their disputes in some other way"[12]. Assente numa base institucional e societal transnacional (WEAVER 1998) e tendo por interesse comum estruturante a manutenção da paz e a segurança interestadual, o relacionamento entre os Estados-Membros passou a pautar-se pela confiança mútua e pela previsibilidade.

A pacificação interna teve efeito *spill over* no plano externo. Diferentes políticas têm contribuído para a segurança e estabilidade internacional, com particular destaque, por um lado, para a política de alargamento que estende a comunidade de segurança a novos Estados e apoia a transição de Estados candidatos, e, por outro, para a política de cooperação para o desenvolvimento que, na linha das Nações Unidas, assenta na interligação entre segurança e desenvolvimento.

Numa primeira fase, edificou-se um actor de segurança implícito, sucedido na criação e consolidação de uma comunidade de segurança expansiva, que privilegiava o recurso a meios não securitários. O fim da Guerra Fria, com a implosão da URSS, o recuo da presença americana na Europa e o alargamento da agenda securitária, criou a oportunidade[13]

---

[12] Karl Deutsch cit. por ADLER e BARNETT 1998, 6.
[13] Um dos elementos definidores da *actorness* é a oportunidade (*vide* nota 5).

para uma nova etapa da evolução do actor. As debilidades da sua actuação em palcos de conflito intra-estadual na proximidade (Balcãs) e a preocupação em relação aos riscos transnacionais num mercado sem fronteiras internas, catalisaram a explicitação do actor de segurança, através da introdução da Política Externa e de Segurança Comum (segundo pilar) e da cooperação policial e judiciária em matéria penal (terceiro pilar[14]). Esta explicitação foi reforçada pelo Tratado de Amesterdão graças à formalização da componente militar do actor (PESD) no quadro do segundo pilar, à especialização do terceiro pilar[15] e à externalização da 'segurança interna' ainda no quadro deste pilar. Em seguida, analisa-se o contributo dos dois pilares para a construção do actor de segurança.

PESC – A explicitação da segurança (externa) na construção europeia

O Tratado de Maastricht criou as bases jurídicas para uma Política Externa e de Segurança Comum (PESC) consagrando elementos inovadores em relação à Cooperação Política Europeia. Para lá da introdução de novos instrumentos (posições comuns e acções comuns), do enquadramento da cooperação no suporte institucional comunitário ("quadro institucional único") e da criação de um organismo específico no seio do Conselho (Comité Político), a PESC distingue-se da predecessora ao introduzir a cooperação no domínio da segurança que abrange "todas as questões relativas à segurança na União Europeia, incluindo a definição, a prazo, de uma política de defesa comum que poderá conduzir, no momento próprio, a uma defesa comum"[16].

Após a entrada em vigor do TUE, foram definidos pelo Conselho Europeu os domínios prioritários do segundo pilar: processo da Conferência sobre Segurança e Cooperação na Europa; desarmamento, controlo

---

[14] De notar que o Título VI do Tratado de Maastricht continha as disposições relativas à "Cooperação no Domínio da Justiça e dos Assuntos Internos" (política de asilo, política de imigração, cooperação aduaneira,...) não se restringindo à cooperação policial e judiciária em matéria penal.

[15] O Tratado de Amesterdão restringiu o terceiro pilar à cooperação policial e judiciária em matéria penal, transferindo as restantes matérias para o primeiro pilar (título IV do TCE: "Vistos, Asilo, Imigração e outras Políticas relativas à Livre Circulação de Pessoas").

[16] Preâmbulo do Tratado da União Europeia (1992).

de armamento, não proliferação de armas nucleares e medidas de criação de confiança; aspectos económicos da segurança, controlo das transferências de tecnologia militar e controlo da exportação de armas; desenvolvimento dos princípios democráticos e apoio às instituições democráticas; desenvolvimento da estabilidade política regional e da integração política e económica regional; prevenção e resolução de conflitos; desenvolvimento da cooperação internacional contra a proliferação de armamento, tráfico de droga e o terrorismo. Pretendia-se desta forma reforçar a "segurança da União e dos seus Estados-Membros" e contribuir para "a manutenção da paz e o reforço da segurança internacional"[17].

A nova política manteve, no entanto, a natureza da Cooperação Política Europeia enquanto processo de cooperação intergovernamental ainda que melhorada (porque através do quadro institucional comunitário). Os limites impostos pelo Tratado salvaguardaram os interesses nacionais numa área sensível para a soberania dos Estados-Membros: decisões sobre a definição e execução da Política Externa e de Segurança Comum tomadas por unanimidade (excepto nas questões processuais e no caso referido no n.º 2 do artigo J.3); execução da acções comuns pela Presidência da União; défice de controlo democrático; omissão de intervenção do Tribunal de Justiça. "Throughout the history of European integration, cooperation in the foreign policy area has always been very difficult and extremely sensitive process where the intergovernmental approach has consistently been preferred to the supranational Community method" (PAPPAS e VANHOONACKER 1996, 4).

Se é verdade que houve uma evolução ao nível da institucionalização – de uma cooperação pragmática assente num relatório à política formalizada pelo Tratado da União Europeia, o mesmo não se pode dizer em termos de eficácia. No balanço feito aquando da Conferência Intergovernamental de 1996, foi consensual a constatação da incapacidade por parte da União de falar numa única voz. A conflitualidade no palco balcânico demonstrou de forma cruenta a inoperacionalidade comunitária no quadro do segundo pilar. O que Nuttall afirmava, em 1992, a propósito da Cooperação Política Europeia, mantinha-se actual para a Política Externa e de Segurança Comum: "Political Co-operation has often seemed introspective. The Member States have given the impression of being more intent on the process of reaching a common position from the

---

[17] Artigo J.1. do TUE (1992).

starting-point of divergent national positions than on projecting the common position, once it has been reached" (NUTTALL 1992, 282).

A eficácia da PESC foi ainda fragilizada, por um lado, pelo facto de a União não ter personalidade jurídica, e, por outro, pela estrutura em pilares. "No parecer de muitos membros, o verdadeiro problema da PESC reside no desfasamento entre as dimensões política e económica externas da União. (...) No parecer de alguns, a experiência recente demonstra que o funcionamento actual dos pilares não permite aumentar a coerência entre as diferentes acções implementadas ao seu abrigo, mas antes, pelo contrário, existe um risco de transbordar do segundo para o primeiro pilar, o que poderia conduzir a um enfraquecimento do acervo comunitário" (Conselho da União Europeia 1996, 72-73). Pese embora o Tratado previsse a interacção entre pilares, a verdade é que na prática prevaleceu um disfuncionamento entre eles, designadamente no que respeita às sanções económicas. "En effet, l'articulation entre politique étrangère et sanctions économiques a été systématiquement faussée, de sorte qu'elle a toujours débouché sur deux «diplomaties» parallèles: une «diplomatie» économique communautaire et une «diplomatie» politique intergouvernementale, possédant chacune leurs règles et leurs procédures propres" (MONTAUT 1997, 336).

As subsequentes revisões dos tratados tiveram por objectivo "dotar a União de uma maior capacidade de acção externa": criação do posto de Alto representante para a Política Externa e de Segurança Comum, de um novo instrumento – a estratégia comum – e de uma unidade dedicada à análise e ao planeamento; introdução do mecanismo de cooperação reforçada; revisão dos processo de decisão e de financiamento. A incorporação de missões humanitárias e de evacuação, de missões de manutenção da paz e de missões de forças de combate para a gestão de crises, incluindo as missões de restabelecimento da paz (missões *Petersberg*), consagrou a dimensão militar na construção europeia, quebrando o tabu (GNESOTTO 2004) herdado dos anos 50. Com a entrada em vigor do Tratado de Lisboa, a União Europeia tem finalmente personalidade jurídica. As inovações previstas no quadro da PESC e da renomeada Política Comum de Segurança e Defesa (PCSD) visam "to create an enhanced institutional architecture and to offer better opportunities for strengthened collective action – lea-ving the door open for the Member States to go further if they so wish" (DAGHAN 2008, 7)[18].

---

[18] Sobre as alterações introduzidas pelo Tratado de Lisboa no domínio da segurança *vide*: Ana Paula BRANDÃO. 2010. "O Tratado de Lisboa e a *Security Actorness* da UE". *Relações Internacionais* (25): 49-63.

Apesar dos constrangimentos (jurídicos, políticos, institucionais, materiais) do segundo pilar, a cooperação existiu, persistiu e expandiu-se (SMITH 2004) realizando um objectivo primordial: a segurança e estabilidade do espaço europeu. "EPC was not created to help Europe solve international problems; it was created to prevent international problems from disrupting the Community and, to a lesser extent, to make sure a common European voice was heard in international affairs (....). In terms of the first task EU foreign policy has proved a resounding success; foreign policy issues have rarely if ever disrupted the daily business of the EC" (SMITH 2004, 4). Apesar da natureza intergovernamental da PESC, a União agiu através das instituições comunitárias e, até a entrada em vigor do Tratado de Lisboa, dos meios da Comunidade Europeia para implementar as estratégias, posições ou acções comuns, consubstanciando um processo único nas relações internacionais.

PESD e gestão de crises – O relançamento do segundo pilar pela 'sub-política'

A primeira tentativa – inovadora no formato de vocação supranacional e clássica nos meios – de recurso a meios militares, o projecto da Comunidade Europeia de Defesa (CDE), fracassou, justificando a busca da paz e estabilidade interestadual interna através de meios não securitários. O malogro do projecto de defesa europeia iniciou uma tabu sobre a introdução de meios militares associados à defesa colectiva e contribuiu para o adiamento da inserção das questões da segurança na agenda da construção europeia.

A União Europeia tem uma dinâmica própria. No entanto, o ambiente no qual se situa tem um papel catalisador da mudança interna. Tal como a criação da PESC decorreu da constatação das limitações da CPE perante as crises e os conflitos internacionais, a criação da PESD, no quadro político e institucional da PESC, impôs-se pela necessidade de superar os constrangimentos da política que a abriga, uma vez mais evidenciados no palco balcânico.

Na conferência de Saint Malo (1998) forjou-se a vontade política assente numa nova dupla motor da construção: França e Reino Unido. A política resultou, à semelhança de outras, de um compromisso. A histórica vontade hobelixiana de autonomia europeia em matéria de defesa de natureza supranacional foi matizada, concordando a França com o modelo intergovernamental, a partilha de tarefas UE-NATO e o uso da força militar em missões de baixa intensidade (pacificação ou salvamento). O Reino Unido abdicou da histórica resistência ao desenvolvimento da componente militar no quadro da União Europeia. Embora esta mudança seja significativa, não deve ser entendida como paradigmática ou estrutural, mas pragmática. O Reino Unido reconheceu o benefício nacional numa área em que, sendo dotado das capacidades, pode ter um papel visível e prestigiante de liderança europeia. Por outro lado, garantindo a intergovernamentalidade, a divisão de tarefas e a cooperação com a NATO, não pôs em causa o relacionamento especial com o aliado americano.

A PESD é, actualmente, considerada uma das áreas mais dinâmicas da construção europeia, demonstrando a sua resiliência em contexto de crise (GREVI, HALLY e KEOHANE 2009, 403): "I would like to start with a paradox: of all the prerogatives of states, security and defence policy is probably the one which least lends itself to a collective European approach; however, after the single currency, it is in this dimension that the Union has made the most rapid and spectacular progress over the last five years" (SOLANA in GNESOTTO 2004, 5).

Os objectivos definidos em Saint Malo foram assumidos pelos Chefes de Estado/Governo que, reunidos no Conselho Europeu de Colónia (1999), decidiram dotar a União Europeia de capacidade de actuação militar autónoma[19]. Alcançado o consenso, procedeu-se à edificação orgânica e à dotação de meios e capacidades para execução da política, tendo o Conselho Europeu de Helsínquia aprovado o *Headline Goal* 2003 e o respectivo Catálogo[20]. Ainda antes da operacionalização da Política Europeia de Segurança e Defesa, em Santa Maria da Feira (2000), confirmando o contributo da diversidade na unidade, pela voz dos países militarmente neutrais, deu-se o primeiro alargamento da agenda PESD com a introdução da dimensão civil. O Conselho Europeu definiu quatro áreas de actuação (Polícia, Estado de Direito, Administração Civil, Protecção Civil) e

---

[19] "the European Union shall play its full role on the international stage. To that end, we intend to give the European Union the necessary means and capabilities to assume its responsibilities regarding a common European policy on security and defence. (...) The Union must have the capacity for autonomous action, backed up by credible military forces, the means to decide to use them, and a readiness to do so, in order to respond to international crises without prejudice to actions by NATO."

[20] Após a adopção da Estratégia Europeia de Segurança foi aprovado o *Headline Goal* 2010.

aprovou o *Police Headline Goal*[21]. Em Dezembro 2001, foi declarada a operacionalidade institucional e, em Maio de 2003, a operacionalidade militar: "a UE tem agora capacidade operacional para a totalidade das missões de Petersberg, limitada e condicionada pelas lacunas reconhecidas " (União Europeia 2003, 13).

Definidos os meios institucionais, militares e civis, procurou-se dotar a União de uma estrutura investigação no domínio da segurança. O Instituto dos Estudos de Segurança, criado no âmbito da União da Europa Ocidental (UEO), foi convertido numa agência autónoma da UE[22] tendo por objectivos "to find a common security culture for the EU, to help develop and project the CFSP, and to enrich Europe's strategic debate"[23]. No domínio das informações geo-espaciais (GEOINT), o Centro de Satélites da UEO foi transformado, em 2002[24], numa agência da União Europeia destinada a dar apoio às missões PESD e contribuir para a prevenção de conflitos através do alerta precoce[25]. A terceira agência de apoio à PESD, prevista no projecto de Tratado Constitucional, foi criada em 2004[26], com o objectivo de desenvolver a capacidade industrial conjunta. A Agência Europeia de Defesa tem quatro funções: desenvolvimento das capacidades de defesa; cooperação em matéria de armamento; reforço da base industrial e tecnológica europeia no domínio da defesa; fomento da investigação. Para esse efeito, está prevista a implementação de três estratégias e do Plano de Desenvolvimento de Capacidades[27].

---

[21] Em 2004 foi aprovado o *Civilian Headline Goal* (CHG) 2008. O CHG 2010 foi adoptado em 2007.

[22] Acção Comum do Conselho de 20 de Julho de 2001 relativa à criação do Instituto de Estudos de Segurança da União Europeia (2001/554/PESC).

[23] "About us" [http://www.iss.europa.eu/index.php?id=103].

[24] Acção Comum do Conselho, de 20 de Julho de 2001, relativa à criação do Centro de Satélites da União Europeia (2001/555/PESC), revista pela Acção Comum do Conselho de 21 de Dezembro de 2006 que altera a Acção Comum 2001/555/PESC relativa à criação do Centro de Satélites da União Europeia (2006/998/PESC).

[25] O Programa de 2008 identifica as seguintes tarefas: "support to EU operations in the framework of ESDP, including the EU Battlegroups (EU BGs); contingency planning; control of proliferation of weapons of mass destruction; support to EU counter-terrorism policy; support to humanitarian aid missions; support to EU counter-organized crime policy; general security surveillance: regular monitoring of areas of interest with particular focus on those defined within the Council's Watch List" (EUSC Annual Work Programme 2008 and Long-Term Work Programme 2009-2010).

[26] Acção Comum do Conselho, de 12 de Julho de 2004, relativa à Criação da Agência Europeia de Defesa (2004/551/PESC).

[27] European Defence R&T (EDRT) Strategy; European Armaments Cooperation (EAC) Strategy; European Defence Technological and Industrial Base (EDTIB) Strategy. De

A emergência da PESD e a crise iraquiana tornaram imperativa a Estratégia Europeia de Segurança (EES), aprovada pelo Conselho Europeu em 2003, com base numa proposta do Alto Representante para a PESC. Deste esforço de avaliação comum das ameaças, resultou a identificação das "novas ameaças que são mais diversificadas, menos visíveis e menos previsíveis": terrorismo; proliferação de armas de destruição maciça; conflitos regionais; fracasso dos Estados; criminalidade organizada. Volvidos cinco anos após a implementação da Estratégia, o relatório sobre a implementação da EES confirma a expansão do espectro de insegurança: alterações climáticas, segurança energética, ciber-ameaças, pirataria, proliferação de armas ligeiras e de pequeno calibre (SALW), pandemias:

> A globalização abriu novas oportunidades. Milhões de pessoas foram arrancadas à pobreza graças aos elevados níveis de crescimento registados nos países em desenvolvimento, com a China numa posição de liderança. Mas a globalização veio também colocar ameaças mais complexas e com ligações entre si. As grandes artérias da nossa sociedade – como os sistemas de informação e o abastecimento de energia – tornaram-se mais vulneráveis. O aquecimento global e a degradação do ambiente estão a mudar a face do planeta. Além disso, a globalização está a acelerar mudanças nas estruturas de poder e a revelar a existência de diferenças de valores. As economias desenvolvidas foram abaladas pela recente turbulência financeira, como o foram também as economias em desenvolvimento. (Conselho Europeu 2008, 1)

O primeiro documento a explanar a "doutrina da segurança" da UE confirmou a abordagem compreensiva: conceito de segurança holístico, interdependência das ameaças ("ameaças dinâmicas"/*threat multiplier*), nexo entre segurança e desenvolvimento, ligação entre as dimensões interna e externa da segurança. A EES comprova ainda outra alteração relevante no discurso do actor:

> It stands for a discursive turn in the sense that the very theme of (external) security is no longer off-limits to the EU in the way it traditionally used to be. (...) Whereas the EU previously pertained to security in a rather indirect manner and did so mainly through its structural essence by pro-

---

acrescentar ainda: Code of Conduct on Defence Procurement (2005); The Long-Term Vision Report (2006); Defence R&T Joint Investment Programmes (Joint Investment Programme on Force Protection 2006; Joint Investment Programme on Innovative Concepts and Emerging Technologies 2008). Desde a sua criação até Junho de 2009, foram adoptados 19 Projectos Colaborativos de I&D.

viding a unifying centre rather than appearing itself explicitly as a securitizing agent vis-à-vis the external environment, the new doctrine seems to be part of efforts that aim at bolstering the Union's actorness on the international scene. (JOENNIEMI 2007, 136)

A primeira missão PESD[28] foi implementada em 2003. A análise das operações (militares)/missões (civis) realizadas demonstra o alargamento geográfico, a diversificação de tipo de operações/missões (militares, civis e mistas), o predomínio das missões civis e o alargamento das missões a novas temáticas. Apesar das dificuldades de operacionalização da cooperação militar UE-NATO, esta foi pela primeira concretizada, em 2004, na operação Althea (Bósnia-Herzegovina). Em 2004, o Conselho identificou cenários e potenciais operações/missões: missões Petersberg e missões decorrentes da EES (desarmamento, apoio a países terceiros no combate ao terrorismo e reforma do sector de segurança). A diversificação do tipo de operações/missões passou a exigir a coordenação de meios civis e militares[29], constituindo hoje a União um laboratório nesta matéria.

Outro elemento inovador prende-se com diversificação de forças. Inicialmente, os Estados-Membros concordaram em colocar à disposição da União Europeia uma Força de Reacção Rápida Europeia (destacamento de 60 000 militares, em 60 dias, para operações de grandes proporções, com a duração até um ano). A necessidade de resposta operacional mais célere conduziu à criação dos *battlegroups*, conceito adoptado em 2004, para qual contribuiu a operação ARTEMIS[30]. "The Battlegroup (BG) is a specific form of the EU's rapid response elements and is one possible answer to the timely provision of the necessary capabilities for an EU rapid response operation"[31]. Os agrupamentos entretanto criados podem ser empregues em diversas operações: apoio a tropas no terreno; força

---

[28] A primeira missão PESD foi de natureza civil (MPUE, Bósnia e Herzegovina). A primeira operação militar (Althea, Bósnia e Herzegovina) e a primeira missão Estado de Direito (Eujust/Themis, Geórgia) foram implementadas em 2004.

[29] Em 2004, o Conselho Europeu aprovou a criação da Célula de Coordenação Civil-militar (CivMil Cell).

[30] *Vide*: "The Battlegroups Concept – UK/France/Germany Food for Thought Paper", 2004; Reunião do Conselho AGRE de 22 de Março de 2004; Reunião Informal dos Ministros da Defesa de 6 de Abril de 2004; Reunião do Conselho AGRE de 17 de Maio de 2004; *Headline Goal* 2010; Conselho Europeu de 18 de Junho de 2004; Military Capability Commitment Conference, 2004.

[31] "EU Batllegroup Factsheet". 2006.
[http://www.consilium.europa.eu/ueDocs/cms_Data/docs/pressData/en/esdp/91624.pdf].

inicial que precede uma força de maior dimensão; operações de escala limitada que exijam uma resposta rápida[32]. O sucesso das operações dependerá da rapidez de actuação o que exigirá decisão célere e prontidão elevada.

Constata-se uma expansão *de facto* da agenda da PESD (que se tornou *de iure* com a entrada em vigor do Tratado de Lisboa): cooperação no domínio do armamento (Agência Europeia de Defesa); reforma do sector de segurança em contextos de reconstrução e estabilização, conforme os princípios da boa governação e dos direitos humanos; direitos humanos (protecção de mulheres e crianças em conflitos); espaço[33]; segurança energética (segurança das infra-estruturas); contraterrorismo.

O Tratado de Lisboa integra, pela primeira vez, uma secção separada dedicada à Política Comum de Segurança e Defesa, confirmando o dinamismo da política[34]: formalização de situações de facto tal como o alargamento temático da política e a cláusula de solidariedade em caso de ataque terrorista ou catástrofe natural ou de origem humana; consagração da cláusula de defesa mútua; reforço da flexibilização da cooperação em matéria de defesa prevendo três modalidades – cooperação estruturada permanente, cooperação reforçada entre o mínimo de nove Estados, cooperação *ad hoc* através da delegação de uma missão específica num grupo de Estados; procedimentos e mecanismos agilizadores do financiamento.

"ESDP has changed its dimension. From a tool of crisis-management in the Balkans, it has become a necessary device to enhance Europe's role in the world." (HAINE 2004, 8). Pese embora o progresso da nova política, esta enfrenta constrangimentos políticos, institucionais, militares, civis, industriais e I&D, e orçamentais que, caso não haja vontade política para superá-los, "then the EU will have created another policy without substance and the credibility of the EU as an international actor will be severely damaged" (SALMON e SHEPARD 2003, 214).

---

[32] Gustav LINDSTROM. 2007. *Enter the EU Battlegroups*. Chaillot Paper 97. Paris: EU Institute for Security Studies. [http://www.iss.europa.eu/uploads/media/cp097.pdf].http://www.consilium.europa.eu/ueDocs/cms_Data/docs/pressData/en/esdp/91624.pdf].

[33] *Vide*: Comissão Europeia, Livro Verde sobre a Política Espacial Europeia, 2003; European Security and Defence Assembly, The Space Dimension of ESDP (Document A--1881), 2004; European Space Policy: ESDP and Space, 2004; The SPASEC Report, 2005; Generic Space System Needs for Military Operations, 2006; Space Systems Requirements [classified document], 2006; Outline of Generic Space Systems Needs for Civilian Crisis Management Operations, 2006; The European Space Policy, 2007; Resolução do Parlamento Europeu de 20 de Novembro de 2008 sobre a Política Espacial Europeia.

[34] *Vide* nota 18.

Terceiro pilar – A explicitação da 'segurança interna'

A cooperação no domínio da designada 'segurança interna' emergiu no quadro mais amplo da cooperação no domínio Justiça e Assuntos Internos (JAI), desprovida, inicialmente, de fundamento jurídico no quadro do Tratado de Roma[35]. A cooperação nestes domínios foi, até á entrada em vigor do Tratado de Maastricht, de carácter informal e puramente intergovernamental. Movida, nos anos 70, pela necessidade de promover a cooperação na luta contra o terrorismo, foi, numa segunda fase, associada ao objectivo comunitário de criação do mercado interno e decorrente necessidade de garantir a segurança num espaço sem fronteiras internas.

Perante a morosidade de concretização da livre circulação de pessoas, um conjunto de Estados optou por um instrumento jurídico não comunitário – o acordo de Schengen. Com a posterior assinatura da Convenção de Aplicação de Schengen, considerada um laboratório da cooperação no domínio JAI, os Estados signatários decidiram implementar medidas compensatórias da supressão dos controlos nas fronteiras internas no domínio da 'segurança interna'[36].

No início da década de 90, o TUE institucionalizou a cooperação nos domínios da Justiça e dos Assuntos Internos (Título VI) e, na esteira da Convenção de Schengen, a ligação entre 'segurança interna' e livre circulação de pessoas. No preâmbulo do Tratado os signatários reafirmaram o "seu objectivo de facilitar a livre circulação de pessoas, sem deixar de garantir a segurança dos seus povos".

Além do fundamento jurídico, o Tratado submeteu a cooperação no domínio do terceiro pilar ao quadro institucional único (artigo C TUE) e dotou-a de instrumentos jurídicos. As inovações introduzidas não contrariaram o carácter intergovernamental da cooperação – centralidade do Conselho, unanimidade como princípio de decisão, iniciativa legislativa partilhada entre a Comissão e os Estados-Membros – ainda que 'melhorado'[37].

---

[35] A única excepção residia no disposto artigo 220.º do Tratado CEE que previa a conclusão de acordos que podiam abranger a área da Justiça.

[36] Cooperação policial, tráfico de estupefacientes, armas de fogo e munições, cooperação judiciária, Sistema de Informação Schengen, garantia de protecção dos dados pessoais.

[37] "The legislative procedure of title VI can be seen as coming somewhere in between the two different ways of creating transnational legal norms. Thus it is no longer appropriate to talk of 'intergovernmental cooperation'. Even if this description can still be of use when referring to the opposite of Community law, this cooperation of the 'second generation' can at the very least be described as 'improved intergovernmental'." (Wencelas LOBKOWICZ. 1994. "Intergovernmental Cooperation in the Field of Migration.

As críticas, protagonizadas desde logo pelo Parlamento Europeu, evidenciaram os constrangimentos da cooperação: limitação do controlo democrático e jurisdicional; morosidade e falta de transparência do processo de tomada de decisão; ausência, na maioria dos casos, de informação, por parte da Comissão e da Presidência, e de consulta, por parte da Presidência, ao Parlamento Europeu; não utilização do processo previsto no artigo K.9; passividade da Comissão no exercício das suas competências; utilização da regra da unanimidade; reservas quanto ao respeito pelos direitos humanos e "pelas liberdades individuais e às garantias de protecção jurídica individual nos domínios abrangidos pelo terceiro pilar" (Parlamento Europeu 1994); preferência do Conselho pela adopção de resoluções, recomendações, conclusões e declarações, muitas das quais não eram publicadas; complexidade das estruturas do Terceiro pilar; interpretação divergente, por parte dos Estados-Membros, do artigo 7.°-A.

O terceiro pilar ascendeu como um dos principais pontos da agenda da CIG 1996 e da revisão consumada pelo Tratado de Amesterdão que introduziu quatro alterações fundamentais. Primeiro, o Título VI passou a conter disposições exclusivamente sobre cooperação policial e judiciária em matéria penal. Segundo, as questões relativas à livre circulação de pessoas (vistos, asilo, imigração, cooperação judiciária em matéria civil e cooperação administrativa) foram inseridas no pilar comunitário, prevendo um período de cinco anos para a aplicação do método comunitário a essas matérias. As disposições contidas no Título III-A tinham por objectivo "criar progressivamente um espaço de liberdade, de segurança e de justiça" (artigo 73.°-I). Terceiro, o Tratado incorporou a cooperação Schengen no quadro institucional único da União. De referir que, numa declaração anexa ao Tratado, a CIG advertiu que a incorporação de Schengen não devia conduzir a um nível menor de protecção e de segurança. No obstante estas alterações, a relação entre livre circulação e 'segurança interna' manteve-se, bem como a natureza intergovernamental do terceiro pilar de ora avante designado "cooperação policial e judiciária em matéria penal". Finalmente, o Tratado consagrou a externalização[38] da cooperação JAI, isto é, passou a contemplar a dimensão externa de polí-

---

From the Single European Act to Maastricht". In The Third Pillar of the European Union: Co-operation in the Fields of Justice and Home Affairs, ed. J. Monar e R. Morgan. Brussels: European Interuniversity Press: 118.)

[38] "recognition of the international dimension of the policy and the consequent insertion of this policy among the variables that influence the structure of the EU's political and security relationships with non-EU states" (LONGO 2003,160).

ticas de incidência interna que se traduz por lado na consciencialização da origem externa e da transnacionalização dos riscos, e, por outro, na introdução dessas matérias na agenda das relações com países terceiros.

A relação entre a cooperação no domínio da 'segurança interna' e o interesse do cidadão foi sintetizada na frase recorrente: "criar um espaço de liberdade e segurança para os cidadãos". Santer, no discurso de apresentação do programa legislativo para 1995, afirmava que "[O]s cidadãos só compreenderão as vantagens de uma zona sem fronteiras se a União conseguir demonstrar-lhes a sua capacidade de assegurar a sua segurança e de lutar contra o tráfico de drogas e a criminalidade organizada" .

O objectivo de criação de um espaço de liberdade, segurança e justiça justificou a realização, pela primeira vez, de um Conselho Europeu dedicado exclusivamente a essa temática. Da implementação do primeiro programa de trabalho (1999-2004) aprovado em Tampere (Outubro de 1999) resultou a criação da unidade Eurojust, da Academia Europeia de Polícia e de uma "Task Force" de Chefes de Polícia para actividades operacionais transfronteiriças, e ainda o reforço dos poderes da Europol. Em cumprimento do disposto no TUE, o programa contemplou a operacionalização de equipas de investigação conjuntas para combate ao crime, com particular destaque para o tráfico de seres humanos, o narcotráfico e o terrorismo.

O segundo programa (Programa de Haia, 2005-2010)[39], ainda em vigor, incide, no domínio da 'segurança interna', sobre partilha de informações entre as autoridades policiais e as autoridades judiciárias, prevenção e combate ao terrorismo, prevenção e luta contra a criminalidade organizada, cooperação policial e aduaneira, gestão de crises a nível da UE, prevenção geral da criminalidade, instauração e reforço da confiança mútua, cooperação judiciária em matéria penal, cooperação policial em matéria civil (Comissão Europeia 2007). O novo programa plurianual (Programa de Estocolmo, 2011-2016), que deverá ser aprovado no final do corrente ano, prevê a adopção de uma "estratégia de segurança interna para melhorar ainda mais a segurança no âmbito da União e proteger a vida e a integridade dos cidadãos europeus."[40]

Em traços gerais, os programas têm privilegiado a combinação de meios legais e operacionais, visando os primeiros aproximar as leis e os procedimentos penais dos Estados-Membros, e os segundos promover a

---

[39] Comissão Europeia 2005.
[40] " Nota de Imprensa: A Comissão Europeia esboça as perspectivas para o Espaço de liberdade, de segurança e de justiça nos próximos cinco anos" (IP/09/894). 10 de Junho de 2009. [http://europa.eu/rapid/pressReleasesAction.do?reference=IP/09/894].

confiança mútua e facilitar actividades de investigação conjunta através do desenvolvimento de um "stable system for the exchange of police and judicial information, technical assistance and investigative methods" (LONGO 2003, 162). Considerando, por um lado, os obstáculos à cooperação associados não só à diversidade de culturas (nacionais) de segurança interna mas também à falta de confiança entre autoriadades nacionais, e, por outro, a natureza transnacional das ameaças, é de destacar ainda a criação de redes gerais e de redes específicas por tipo de ameaça[41].

Pese embora o progresso alcançado, persistem as dificuldades associadas a uma área de cooperação intergovernamental: "persistente debilidade jurídica e a complexidade do processo de tomada de decisões da UE", défice de controlo democrático e judicial a nível da UE, lento desenvolvimento da cooperação entre as agências da União (Parlamento Europeu 2009), atrasos na transposição dos instrumentos comunitários, "um acervo relativamente recente, um papel insuficiente do Parlamento Europeu em certos domínios de intervenção, uma competência limitada do Tribunal de Justiça Europeu e uma competência limitada da Comissão para instaurar processos de infracção, bem como o requisito da tomada de decisões por unanimidade em vários domínios" (Comissão Europeia 2009, 15), "frictions and strains among Member States" (APAP e CARRERA, 10), *gap* entre proclamação e implementação[42].

A cooperação no domínio da 'segurança interna' é, à semelhança da PESD/PCSD, uma das áreas privilegiadas pelo Tratado de Lisboa[43]. As matérias no âmbito do antigo terceiro pilar são transferidas para o Tratado sobre o Funcionamento da União Europeia (TFEU), ficando abrangidas pelo método comunitário. Esta 'comunitarização' é uma das alterações mais inovadoras do Tratado, pesem embora alguns elementos singulares: direito de iniciativa partilhado entre a Comissão e os Estados-Membros[44]; défice

---

[41] European Crime Prevention Network, European Judicial Network in Criminal Matters, European Judicial Training Network, CERT (Computer Emergency Response Teams), CIWIN (Critical Infrastructure Warning Information Network) ARGUS (crisis coordination system), FIU.NET (Financial Intelligence Units Network), LEN (European law enforcement network), RAS-BICHAT (Rapid Alert System for Biological, Chemical Alerts and Threats).

[42] A cooperação no combate ao terrorismo é ilustrativa do *gap*: "There is a paradox in the EU's role in counter-terrorism. On the one hand, the governments agree in principle that co-operation at the EU level is a good thing because of the cross-border nature of the terrorist threat. On the other, they are slow to give the Union the powers (such as investigation and prosecution)" (KEOHANE 2005, 3).

[43] *Vide* nota 18.

[44] A iniciativa legislativa deverá partir de um quarto dos Estados-Membros.

de controlo judicial no que respeita à fiscalização da actividade operacional; princípio da unanimidade aplicável a certas matérias; possibilidade de *opt-out* e de um 'travão de emergência' para os Estados-Membros. De sublinhar ainda a definição mais precisa das competências da UE, que se impõe pelo facto de esta ser uma das onze áreas de competência partilhada, e a reforma dos fundamentos legais da Europol e Eurojust. Trata-se de mais um passo que visa atenuar as dificuldades decorrentes dos "legal and institutional constraints of the current Treaties, where unanimity in the Council generally remains the rule" e da falta de "of sufficient political consensus" e "declared political determination to ensure that European decisions have effect in reality" (European Commission 2004).

Gradualmente, a União Europeia afirma-se "as the facilitator of joint action", define "its role as an autonomous security actor" e "legitimised its partial displacement of the state" (KIRSCHNER e SPERLING 2007).

Quadro 1 – A evolução da *security actorness* da UE

Fases	Contexto	Desafios securitários	Alcance	Objectivos securitários	Meios	Resultados
1 Actor de segurança implícito	Guerra Fria	Conflitualidade inter-estadual europeia Conflito bipolar	Sub-regional (CEE)	Segurança e estabilidade (intra) europeia	Meios não-securitários Integração sectorial (económica) Alargamento	Comunidade de segurança Europeia expansiva
2 Actor de segurança explícito	Pós-Guerra Fria	Conflitos intra-estaduais na vizinhança Criminalidade transnacional	Regional (Europa)	Segurança da UE Segurança dos cidadãos da UE Segurança Internacional	Meios securitários e não-securitários Alargamento Cooperação intergovernamental pilarizada (PESC/PESD, CoPoJuP) Cooperação para o Desenvolvimento	Comunidade de segurança Europeia expansiva Actor de segurança fragmentado
3 Actor de segurança pos-vestefaliano	Pós-Pós Guerra Fria	Conflitos intra-estaduais Ameaças (inter e transnacionais) multidimensionais dinâmicas	Global	Segurança da UE Segurança transnacional Segurança Global		Comunidade de segurança Europeia expansiva Actor de segurança compreensivo [em construção]

A transpilarização da luta antiterrorista – Contributos do primeiro e segundo pilares

A luta contra o terrorismo transnacional, impulsionada pela concretização da ameaça, inaugurou uma nova etapa da construção do actor com a superação da perspectiva fragmentada e uni-pilar: "A União Europeia intensificará o seu empenho contra o terrorismo através de uma abordagem coordenada e interdisciplinar que incorpore todas as políticas da União" (Conselho Europeu 2001). Pese embora o sublinhado histórico do combate europeu centrado nos instrumentos policiais e judiciais, a complexidade da ameaça justificou uma abordagem compreensiva. A coordenação inter-pilares em matéria de segurança, previamente exigida quer pela prevenção de conflitos (1995), quer pela externalização da cooperação no domínio da 'segurança interna' (1999), alcançou um novo patamar ao contemplar em simultâneo os três pilares (transpilarização).

O papel central de coordenação inter-políticas/pilares foi atribuído ao Conselho, sendo mais tarde criado o posto de Coordenador Antiterrorismo: "O Conselho Europeu encarrega o Conselho Assuntos Gerais de assumir, em matéria de luta contra o terrorismo, o papel de coordenação e dinamização. Assim, o Conselho Assuntos Gerais velará por assegurar uma melhor coerência e coordenação entre todas as políticas da União" (Conselho Europeu 2001). Na mesma linha a Estratégia Europeia de Segurança afirma que a "luta contra o terrorismo pode implicar uma conjugação de meios – serviços de informações, meios policiais, judiciais, militares e outros" (Conselho Europeu 2003).

O plano de acção revisto (Março de 2004), aprovado após os ataques de Madrid, definiu sete objectivos estratégicos[45] cuja consecução exige instrumentos dos antigos três pilares. A Estratégia Antiterrorista (Conse-

---

[45] Cinco objectivos estratégicos relativos a aspectos internos – "reduzir o acesso dos terroristas a recursos financeiros e outros recursos económicos", "optimizar a capacidade dos organismos da UE e dos Estados-Membros para detectar, investigar e perseguir terroristas e prevenir atentados terroristas", "Proteger a segurança dos transportes internacionais e assegurar a existência de sistemas eficazes de controlo das fronteiras", "reforçar a capacidade dos Estados-Membros para fazer face às consequências de um atentado terrorista", "enfrentar os factores que contribuem para o apoio ao terrorismo e o recrutamento para o mesmo" – e dois com incidência externa – "aprofundar o consenso internacional e intensificar os esforços internacionais de luta contra o terrorismo "direccionar acções no âmbito das relações externas da UE para países terceiros prioritários, nos quais exista a necessidade de reforçar a capacidade de luta antiterrorista ou o empenhamento no combate ao terrorismo" (Conselho Europeu 2004).

lho Europeu 2005) compreensiva, adoptada após os ataques de Londres, reorganiza os objectivos estratégicos em torno de quatro eixos, confirmando a tendência para a transpilarização: prevenção; protecção; perseguição e resposta[46]. A título ilustrativo do contributo dos antigos primeiro e segundo pilares, analisa-se em seguida a luta contra o financiamento de actividades terroristas e o papel da PESD/PCSD na luta contra o terrorismo.

A prevenção abrange um ampla área de actuação que exige instrumentos do primeiro pilar: luta contra o financiamento, luta contra o extremismo e radicalização, segurança de explosivos e detonadores, controlo do acesso ao território europeu com base no controlo biométrico e programa de prevenção, preparação e gestão das consequências. No presente capítulo consideramos apenas a primeira área de actuação.

Após o 11 de Setembro, o financiamento de actividades terroristas foi criminalizado[47], distinguindo-se o branqueamento associada ao crime organizado e as transacções destinadas a financiar actividades terroristas. A luta contra o financiamento do terrorismo, visando o "o boicote preventivo das actividades terroristas, a "redução dos fluxos financeiros destinados aos grupos terroristas" e o "melhoramento do conhecimento das redes terroristas" (European Communities 2004), passa a ser um dos objectivos estratégicos do combate ao terrorismo (Conselho Europeu 2004), enquadrado no eixo prevenção[48]. Prevenir o financiamento de actividades terroristas passa pela "cooperação no intercâmbio de informações", pelo reforço da "rastreabilidade das transações financeiras" e pela "transparência das pessoas colectivas" (European Communities 2004). Em síntese, prioritariza-se a luta contra o financiamento do terrorismo e, com base no

---

[46] [Prevenir] "Evitar o recurso ao terrorismo, combatendo os factores ou causas profundas que podem conduzir à radicalização e ao recrutamento, na Europa e no resto do mundo"; [Proteger] "Proteger os cidadãos e as infra-estruturas e reduzir a nossa vulnerabilidade a atentados, melhorando designadamente a segurança das fronteiras, dos transportes e das infra-estruturas essenciais; [Perseguir] Perseguir e investigar os terroristas através das nossas fronteiras e em todo o mundo; impedir o planeamento, as deslocações e as comunicações; desmantelar as redes de apoio; pôr termo ao financiamento e ao acesso a material utilizável em atentados e entregar os terroristas à justiça"; [Responder] "Prepararmo-nos solidariamente para gerir e minimizar as consequências dos atentados terroristas, tornando-nos mais capazes de fazer face à fase de rescaldo, à coordenação da resposta e às necessidades das vítimas" (União Europeia 2005a, 7-8).

[47] Decisão-Quadro 2002/475/JAI.

[48] A prevenção do financiamento é uma das três áreas da prevenção (prevenção do radicalismo violento e prevenção do uso de explosivos).

quadro normativo do antigo primeiro pilar[49], adaptam-se instrumentos antes associados ao financiamento do crime organizado e criam-se novos instrumentos específicos.

O contributo do antigo segundo pilar é particularmente relevante para o segundo e quarto eixos da Estratégia Antiterrorista. A primeira referência à ligação entre os pilares securitários é feita nas Conclusões e Plano de Acção aprovados pelo Conselho Europeu Extraordinário de Bruxelas (Setembro de 2001): "A Política Externa e de Segurança Comum deverá integrar, de forma mais acentuada, a luta contra o terrorismo. (...) É desenvolvendo a Política Externa e de Segurança Comum (PESC) e tornando operacional, o mais rapidamente possível, a Política Europeia de Segurança e Defesa (PESD) que a União se revelará mais eficaz."

Os ataques em solo europeu intensificam a tendência de securitarização expansiva no uso de instrumentos da luta anti-terrorista que se consumou em três alterações associadas à então recém criada PESD: expansão antecipada da agenda da PESD; assumpção da internalização de uma política de incidência externa (que complementa a tendência externalizadora da cooperação JAI iniciada em 1999); especificação do contributo da PESD no quadro da luta contra o terrorismo.

Cumpre realçar o papel dinamizador da Espanha neste agendamento. No âmbito da presidência espanhola, o Ministro da Defesa desenvolveu um conjunto de iniciativas, designadamente impulsionou a reflexão iniciada pelo Instituto de Estudos de Segurança da UE, propôs à Convenção Europeia o alargamento das missões PESD e promoveu reuniões entre pares. Na reunião informal realizada em Saragoça, os Ministros da Defesa definiram quatro áreas de cooperação: cooperação entre serviços de informação militar, cooperação entre sistemas de protecção contra armas nucleares, biológicas e químicas (NBQ), utilização da nova legislação sobre um espaço aéreo único para reforçar a segurança aérea, protecção de forças militares utilizadas em missões humanitárias. Foi ainda no quadro da Presidência Espanhola que se antecipou a aprovação política da "cláusula de solidariedade" bem como do primeiro documento espe-

---

[49] Regulamento (CE) n.º 2580/2001 do Conselho alterado pelo Regulamento (CE) n.º 1791/2006 do Conselho; Regulamento (CE) n.º 881/2002 do Conselho; Directiva 2003/6/CE do Parlamento Europeu e do Conselho; Regulamento (CE) n.º 1781/2006 do Parlamento Europeu e do Conselho; Directiva 97/5/CE do Parlamento Europeu e do Conselho; Regulamento (CE) n.º 1889/2005 do Parlamento Europeu e do Conselho; Directiva 2005/60/CE do Parlamento Europeu e do Conselho, alterada pela Directiva 2008/20/CE do Parlamento Europeu e do Conselho; Directiva 2006/70/CE da Comissão.

cífico sobre o contributo da PESC/PESD para a luta contra o terrorismo (Conselho Europeu 2002). A Declaração destaca as seguintes áreas de actuação: "diálogo político com países terceiros (promoção dos direitos humanos e da democracia, não-proliferação e controlo de armamentos) e assistência internacional; prevenção de conflitos; estabilização pós-conflito; intercâmbio de informações e produção de documentos de avaliação de situação e de relatório de alerta rápido; desenvolvimento de uma avaliação comum de ameaça contra os Estados-Membros ou contra forças em operações de gestão de crises; determinação das capacidades militares necessárias para proteger de atentados terroristas as referidas forças; análise da possibilidade de utilizar capacidades militares e civis para ajudar a proteger as populações civis dos efeitos dos atentados terroristas."

Conforme solicitado pelo Relatório apresentado ao Conselho Europeu sobre a implementação da Declaração sobre o combate ao terrorismo (Junho 2004) e pelo Plano de Acção, o Comité Político e de Segurança elaborou um documento mais robusto e detalhado sobre o contributo específico da PESD que sublinha a vantagem comparativa da União Europeia, detentora de uma diversidade de instrumentos, incluindo civis e militares, na luta contra uma ameaça complexa e multifacetada. O Quadro Conceptual começa por referir o contributo global para a prevenção (a longo prazo) do terrorismo:

> Para reagir às crises, a União consegue mobilizar uma vasta gama de meios e instrumentos tanto civis como militares, que lhe confere assim uma capacidade global de gerir crises e de prevenir conflitos em apoio dos objectivos da Política Externa e de Segurança Comum. Isso favorece uma abordagem abrangente para prevenir a ocorrência de Estados em dissolução, restaurar a ordem e a governação civil, afrontar crises humanitárias e prevenir conflitos regionais. Ao reagir eficazmente a essas situações multifacetadas, a UE já dá um contributo considerável para acções a longo prazo de prevenção do terrorismo. (União Europeia 2004b, 6)

No que respeita ao contributo específico da (antes designada) PESD, identifica quatro áreas de actuação: prevenção de ataques terroristas, incluindo operações de vigilância marítima e aérea; protecção do pessoal, do material e dos meios, protecção de alvos-chave civis, incluindo infraestruturas críticas, na zona das operações e protecção dos cidadãos europeus em países terceiros; reacção e gestão das consequências (tratamento dos efeitos de um atentado combinando meios militares e civis); apoio a países terceiros na luta antiterrorista.

Apesar das diferentes sensibilidades nacionais quanto ao uso de meios militares na luta contra o terrorismo, os documentos oficiais evidenciam um consenso relativamente a aspectos tais como: restabelecimento da ordem em Estados falhados, estabilização pós-conflito (União Europeia 2004b); prevenção da ameaça terrorista nos territórios dos Estados-Membros, protecção das instituições democráticas e das populações civis contra ataques terroristas, incluindo NRBQ, assistência a um Estado-Membro alvo de um ataque (Conselho Europeu 2004). Considerando as limitadas capacidades da União Europeia, a internalização da PESD/PCSD re-actualiza a problemática dos gaps (entre expectativas e capacidades, entre proclamação e implementação).

Quadro 2 - A *Security actorness* europeia e a luta contra o terrorismo transnacional

Oportunidade	Ameaça terrorista – Estados europeus alvos da ameaça Problema comum – resposta colectiva
Autonomia	Definição comum de 'infracção terrorista' e 'grupo terrorista' Estratégia anti-terrorista Plano de Acção Meios institucionais, legislativos e operacionais
Capacidade	Institucional, política e material (transpilares)
Presença	Participação na luta global contra o terrorismo transnacional Abordagem europeia (*non-war approach*, prevalência dos meios policiais e judiciários, causas profundas do terrorismo, multilateralismo)

Quadro 3 - As funções de segurança da UE e a luta contra o terrorismo transnacional

Funções do Actor*	Instrumentos*	Estratégia Anti-terrorista
Prevention	Cooperação para o Desenvolvimento Política Europeia de Vizinhança Missões de gestão de crises	Prevenção (causas profundas do terrorismo; cooperação com países terceiros)
Assurance	Processo de estabilização e associação Missões PESD (civis)	
Protection	Cooperação policial Cooperação judiciária em matéria penal	Protecção Perseguição Resposta
Compellence	PESD	Protecção Resposta

* Kirschner and Sperling 2007

Considerações finais

O pós-Guerra Fria confirmou que o Estado não é único objecto referencial da segurança: não é o único alvo de ameaças nem o único 'fornecedor' de segurança. Os diferentes objectos referenciais enfrentam riscos e ameaças multiníveis (infra-nacionais, internacionais, globais), transnacionais e multisectoriais. O ambiente de (in)segurança do pós-Guerra Fria exige, por isso, a combinação de uma diversidade de actores, políticas e instrumentos.

Em contexto de Guerra Fria, a Comunidade enfrentou com sucesso o desafio vestefaliano da conflitualidade interestadual através de meios não securitários e do institucionalismo pós-vestefaliano. A alteração do ambiente de segurança no pós-Guerra Fria favoreceu a explicitação da *security actorness* da União Europeia. No pós pós-Guerra Fria, a luta contra o terrorismo transnacional tornou imperativa a articulação de políticas e meios, o que favoreceu a transpilarização da actuação securitária.

Hoje, a União Europeia é reconhecida como um actor de segurança compreensivo e multifuncional. Um actor singular que se distingue das organizações internacionais (intergovernamentais) quanto à emergência (integração sectorial), evolução (aprofundamento e alargamento) e natureza (combina supra-estadualismo, interestadualismo e trans-governamentalismo) e, mais especificamente, distancia-se das OI de segurança em três aspectos fundamentais: é uma *polity*; tem competências e meios para combater a diversidade de ameaças do espectro securitário; não se restringe ao domínio da segurança, podendo utilizar instrumentos não securitários em prol desse domínio.

Constata-se uma institucionalização progressiva do actor de segurança cujo, desempenho tem sido globalmente positivo - comunidade de segurança, extensão da comunidade a novos Estados, segurança e estabilidade na proximidade, reforço da cooperação na luta contra as ameaças transnacionais. Os constrangimentos são conhecidos, merecendo aqui destaque a herança da fragmentação em pilares, o défice de coerência e coordenação, o *gap* entre ambição compreensiva-capacidades limitadas, a complexidade do processo de decisão. Ainda que no domínio da segurança dependa da vontade política e dos recursos estaduais (intergovernamentalismo 'melhorado'), a União "nonetheless remains the aspiration and focus of efforts to meet jointly the tasks of security governance that cannot be net alone or only met poorly by any individual states. Moreover, the EU serves as an autonomous security actor as well as a clearing station for member state efforts to cope with the array of security challenges" (KIRSCHNER e SPERLING 2007, 20).

Os actores estaduais e institucionais intergovernamentais demonstraram a sua inadaptação (conceptual, política e operacional) face aos desafios securitários do pós-Guerra Fria, designadamente as ameaças transnacionais, pelo que a União Europeia apresenta-se, também neste domínio, como um laboratório – um laboratório de actor de segurança pos-vestefaliano que enfrenta o repto da coordenação inter-políticas, inter-níveis e interinstitucional *conditio sine qua non* da coerência, eficácia e visibilidade da sua *actorness*.

Bibliografia

APAP, Joanna, e Sergio CARRERA. 2004. "Progress and Obstacles in the Área of Justice and Home Affairs in na Enlarging Europe: An Overview." In *Justice and Home Affairs in the EU: Liberty and Security Issues after Enlargement*, ed. Joanna Apap. Cheltenham: Edward Elgar: 1-24.

ALLEN, David, e Michael SMITH. 1990. "Western Europe's Presence in the Contemporary Arena." *Review of International Studies* 16: 19-37.

BENDIEK, Annegret. 2006. "Cross-Pillar Security Regime Building in the European Union: Effects of the European Security Strategy". *European Integration Online Papers* 10 (9).
[http://eiop.or.at/eiop/texte/2006-009a.htm].

BURGESS, J. Peter. 2009. "There is No European Security, Only European Securities." *Cooperation and Conflict* 44: 309-328.

ADLER, Emanuel, e MICHAEL BARNETT. 1998. "Security Communities in Theoretical Perspective". In *Security Communities*. Cambridge: Cambridge University Press.

BRETHERTON, Charlotte e John VOGLER. 2007. *The European Union as a Global Actor*. 2nd ed. London: Routledge.

DAGHAN, Sophie. 2008. "The Impact of the Lisbon Treaty on CFSP and ESDP." *European Security Review* (37).
[http://www.isis-europe.org/pdf/2008_artrel_150_esr37tol-mar08.pdf].

GNESOTTO, Nicole, ed. 2004. *EU Security and Defence Policy The first five years (1999-2004)*. Paris: Institute for Security Studies.
[http://www.iss.europa.eu/uploads/media/5esdpen.pdf].

GREVI, Giovanni, Damien HALLY e Daniel KEOHANE. 2009. "Conclusion: The Next Steps of ESDP." In European Security and Defence Policy: The First 10 Years (1999-2009). Paris: ISS: 403-412.
[http://www.iss.europa.eu/uploads/media/ESDP_10-web.pdf].

HAINE, Jean-Yves. [2004]. *ESDP: An Overview*. Paris: Institute for Security Studies of the European Union.
[http://web.clas.ufl.edu/users/zselden/Course%20Readings/Haine.pdf].
HILL, Christopher. 1993. "The Capability-Expectations Gap, or Conceptualizing the Europe International Role." *Journal of Common Market Studies* 31 (3): 305-328.
HOLLAND, Martin. 1996. "European Foreign Policy Transition in Theory and Practice". *International Relations* 13 (1): 1-18.
JOENNIEMI, Pertti. 2007. "Towards a European Union of Post-security?". In *Cooperation and Conflict* 42 (1): 127-148.
JOFFÉ, George, 2008, "The European Union, Democracy and Counter-Terrorism in the Maghreb". *Journal of Common Market Studies* 46 (1): 147-171.
KALDOR, Mary, ed. 2006. *New and Old Wars: Organized Violence in a Global Era*. Cambridge: Polity Press.
KEOHANE, Daniel. 2005. "The EU and Counter-Terrorism". Working Paper. London: CER.
[http://www.cer.org.uk/pdf/wp629_terrorism_counter_keohane.pdf].
KIRCHNER, Emil, e James SPERLING. 2007. *EU Security Governance*. Manchester: Manchester University Press.
LONGO, Francesca. 2003. "The Export of Fight against Organized Crime Policy Model and the EU's International Actorness." In *Understandign the European Union's External Relations*, ed. Michèle Knodt e Sebastian Princen. New York: Routledge: 158-172.
MITSILEGAS, Valsamis, Jörg MONAR e Wyn REES. 2003. *The European Union and Internal Security: Guardian of the People?* Houndmills: Palgrave Macmillan.
MONAR, Jörg. 2008. "The European Union as a Collective Actor in the Fight against Post-9/11 Terrorism: Progress and Problems of a Primarily Cooperative Approach." In *Fresh Perspectives on the 'War on Terror'*, ed. Miriam Gani and Penelope Mathew, Camberra: ANU Epress.
[http://epress.anu.edu.au/war_terror/mobile_devices/ch11.html].
―――. 2007. "The EU's Approach Post-September 11: Global Terrorism as a Multidimensional Law Enforcement Challenge." *Cambridge Review of International Affairs* 20 (2): 267-283.
―――. 2003. "The European Union's Response to 11 September 2001: Bases for Action, Performance and Limits".
[http://www.albany.edu/~rk289758/BCHS/col/JHA-TERRORISM-NEWARK.doc].
MONTAUT, Isabelle. 1997. "La Communautarisation du Second et du Troisième Piliers du Traité de l'Union Europènne, dans la perspective de la Réforme Institutionnelle de la CIG de 1996." *Revue du Marché Commun et de l'Union Européenne* (408) : 335-348.
NUTTAL, Simon J.1992. *European Political Co-Operation*. Oxford: Clarendon Press.

PAPPAS, Spyros e Sophie VANHOONACKER, eds. 1996. *The European Union's Common Foreign and Security Policy: The Challenges of the Future*. Maastricht: European Institute of Public Administration.

SALMON, Trevor C. e Alistair J. K. SHEPHERD. 2003. *Toward a European Army: A Military Power in the Making?*. Boulder/ London: Lynne Rienner Publishers.

SMITH, Michael E. 2004. *Europe's Foreign and Security Policy: the Institutionalization of Cooperation*. Cambridge: Cambridge University Press.

TELÒ, Mario. 2007. *Europe, a Civilian Power?: European Union, Global Governance, World Order*. Hampshire: Palgrave Macmillan.

WEAVER, Ole. 1998. "Insecurity, Security, and Asecurity in the West European Non-war Community". In *Security Communities*. Cambridge: Cambridge University Press.

WIENER, Antje. 2007. *European Integration Theory*. Oxford: Oxford University Press.

Documentos UE

Comissão Europeia. 2009. "Comunicação da Comissão ao Conselho, ao Parlamento Europeu, ao Comité Económico e Social Europeu e ao Comité das Regiões Justiça, Liberdade e Segurança na Europa desde 2005: Avaliação do Programa e do Plano de Acção de Haia" [COM (2009) 263].
[http://eur-lex.europa.eu/LexUriServ/LexUriServ.do?uri=COM:2009:0263:FIN:PT:PDF].

————. 2007. "Comunicação da Comissão ao Conselho e ao Parlamento Europeu – Relatório sobre a Aplicação do Programa da Haia relativamente a 2006" [COM (2007) 373].
[http://eur-lex.europa.eu/LexUriServ/LexUriServ.do?uri=COM:2007:0373:FIN:PT:PDF].

————. 2005. "Comunicação da Comissão ao Conselho e ao Parlamento Europeu – Programa da Haia: Dez Prioridades para os Próximos Cinco Anos" [COM (2005) 184].
[http://eur-lex.europa.eu/LexUriServ/LexUriServ.do?uri=COM:2005:0184:FIN:PT:PDF].

————. 2004. "Comunicação da Comissão ao Conselho e ao Parlamento Europeu – Espaço de Liberdade, de Segurança e de Justiça: Balanço do Programa de Tampere e Futuras Orientações" [COM (2004) 401].
[http://eur-lex.europa.eu/LexUriServ/LexUriServ.do?uri=COM:2004:0401:FIN:PT:PDF].

Conselho Europeu. 2008. "Relatório sobre a Execução da Estratégia Europeia de Segurança: Garantir a Segurança num Mundo em Mudança".
[http://www.consilium.europa.eu/ueDocs/cms_Data/docs/pressdata/PT/reports/104638.pdf]

———. 2005. "Estratégia Antiterrorista da União Europeia" (doc.14469/4/05 REV 4).
[http://register.consilium.europa.eu/pdf/pt/05/st14/st14469-re04.pt05.pdf].
———. 2004. "Declaração sobre a Luta contra o Terrorismo." Conselho Europeu de 15/26 de Março de 2004.
[http://www.consilium.europa.eu/uedocs/cms_data/docs/pressdata/pt/ec/79644.pdf].
———. 2003. "Uma Europa Segura num Mundo Melhor - Estratégia Europeia em Matéria de Segurança", 2003.
[http://www.consilium.europa.eu/uedocs/cmsUpload/031208ESSIIP.pdf].
———. 2002. "Declaração do Conselho Europeu relativa ao Contributo da PESC, incluindo a PESD para a Luta contra o Terrorismo", Anexo V às Conclusões do Conselho Europeu de Sevilha.
[http://europa.eu/bulletin/pt/200206/i1031.htm].
———. 2001. "Conclusões e Plano de Acção do Conselho Europeu Extraordinário de 21 de Setembro de 2001."
[http://www.consilium.europa.eu/uedocs/cms_data/docs/pressdata/pt/ec/concl-bxl.p1.pdf].
———. 1999a. "Conclusões da Presidência: Conselho Europeu de Colónia, 3 e 4 de Junho de 1999."
[http://www.consilium.europa.eu/uedocs/cms_data/docs/pressdata/pt/ec/57890.pdf].
———. 1999b. "Conclusões da Presidência: Conselho Europeu de Tampere, 15 e 16 de Outubro de 1999."
[http://www.consilium.europa.eu/uedocs/cms_data/docs/pressdata/pt/ec/00200-r1.p9.htm].
European Communities, Commission. 2004. "Communication from the Commission to the Council and the European Parliament on the Prevention of and the Fight against Terrorist Financing through Measures to Improve the Exchange of Information, to Strengthen Transparency and Enhance the Traceability of Financial Transactions" [COM (2004) 700)].
[http://ec.europa.eu/justice_home/doc_centre/criminal/terrorism/doc/com_2004_700_en.pdf].
"Joint Declaration Issued at The British-French Summit, Saint-Malo, France, 3-4 December 1998."
[http://www.consilium.europa.eu/uedocs/cmsUpload/French-British%20Summit%20Declaration,%20Saint-Malo,%201998%20-%20EN.pdf].
Parlamento Europeu. 2009. "Resolução do Parlamento Europeu, de 24 de Abril de 2009, sobre o Debate Anual sobre os Progressos Realizados em 2008 no Espaço de Liberdade, de Segurança e de Justiça (ELSJ) (artigos 2.º e 39.º do Tratado UE)."
[http://www.europarl.europa.eu/sides/getDoc.do?pubRef=-//EP//TEXT+TA+P6-TA-2009-0329+0+DOC+XML+V0//PT].

———. 1994. "Resolução sobre os Progressos Realizados em 1994 na Aplicação da Cooperação nos Domínios da Justiça e dos Assuntos Internos, em Conformidade com o Título VI do Tratado da União Europeia."
[http://www.europarl.europa.eu].
União Europeia, Conselho. 2005a. "Comunicado de Imprensa: 2696.ª Sessão do Conselho Justiça e Assuntos Internos: Bruxelas, 1-2 de Dezembro de 2005 (14390/05 - Presse 296):"
[http://europa.eu/rapid/pressReleasesAction.do?reference=PRES/05/296&format=HTML&aged=0&lg=da&guiLanguage=en].
———. 2005b. "Implementação do Plano de Acção de Luta contra o Terrorismo" [15704/05].
[http://register.consilium.europa.eu/pdf/pt/05/st15/st15704.pt05.pdf.
———. 2004a. "Comunicação à Imprensa: 2582.ª Sessão do Conselho Assuntos Gerais e Relações Externas: Relações Externas: Bruxelas, 17 de Maio de 2004 (9210/04 - Presse 149) ."
http://www.consilium.europa.eu/uedocs/cms_data/docs/pressdata/pt/gena/80620.pdf.
———. 2004b. "Quadro Conceptual da Dimensão PESD da Luta contra o terrorismo" [19747/04].
http://register.consilium.europa.eu/pdf/pt/04/st14/st14797.pt04.pdf].
———. 2003. "Declaração sobre as Capacidades Militares da UE." In Assuntos Gerais e Relações Externas: 2509.ª sessão do Conselho – Relações Externas - Bruxelas, 19-20 de Maio de 2003.
[http://www.consilium.europa.eu/uedocs/cms_data/docs/pressdata/pt/gena/76081.pdf].
———. 1996. "Conferência Intergovernamental de 1996 (CIG 1996): Relatório do Grupo de Reflexão e outras Referências Documentais." Luxemburgo: S.P.O.CE.

A EXTERNALIZAÇÃO DA ABORDAGEM COMPREENSIVA: O CASO UE-RÚSSIA

Maria Raquel Freire

A relação da União Europeia (UE) e da Federação Russa baseia-se no desenvolvimento de uma parceria estratégica, ampla nas suas formulações e ambiciosa nos seus objectivos. Inclui várias áreas de actuação, desde questões político-securitárias até matérias económicas, culturais e educativas. Contudo, acordo quanto a uma agenda diversa não tem necessariamente correspondência directa num entendimento extensivo sobre as políticas a serem seguidas e implementadas. Esta relação tem por isso mesmo sido objecto de dinâmicas concorrentes de cooperação e competição: abordagens diferenciadas que sublinham modos de actuação e apontam para a necessidade de um envolvimento construtivo capaz de gerar consensos face a discursos e práticas muitas vezes inconciliáveis. A luta contra o terrorismo emerge, neste contexto, como um exemplo interessante do modo como relações de cooperação podem ser reforçadas contribuindo para consubstanciar a parceria estratégica, construindo pontes entre as partes. Contudo, em vários momentos, diferentes entendimentos sobre princípios acordados e orientações para a acção têm suscitado desconexão. A distância entre discurso e prática reforçada pela dicotomia *nós/eles*, são assim ingredientes fundamentais na desconstrução de dinâmicas de securitização associadas à "guerra ao terrorismo" e às formas como esta tem sido equacionada na relação UE-Rússia, quer nas suas interacções quer nas políticas internas destes países.

Neste contexto, este texto aborda as relações UE-Rússia, com particular ênfase na "luta contra o terrorismo", através do quadro de análise teórico de Copenhaga – securitização – visando entender (des)conexões na teoria e na prática. A securitização da "guerra ao terrorismo" permitiu maior robustez em gabinetes ministeriais, agências de segurança, ao nível da adopção de nova legislação e de mecanismos para combater ameaças relacionadas com o terrorismo, quer no seio da UE quer na Rússia, bem como acordo quanto a medidas conjuntas para combater o que é definido como uma ameaça transnacional partilhada com implicações sérias para a segurança e estabilidade europeias. Deste modo, este texto enquadra as dinâmicas de securitarização num quadro de segurança mais lato onde estas têm lugar, relativamente à externalização da abordagem compreensiva da UE e da projecção de políticas russas, de modo a compreender as diferentes dinâmicas subjacentes ao processo de securitarização da "guerra ao terrorismo" quer na Rússia quer na UE, em termos conceptuais e operacionais. A natureza das medidas excepcionais adoptadas e as diferentes leituras sobre estas resultam num diálogo difícil, como analisado.

Ao analisar os entendimentos subjacentes às definições de "terrorismo", à construção social do 'outro', e aos entendimentos de segurança na Rússia e na UE, o capítulo argumenta que a crescente fricção na relação é não só motivada por procedimentos internalizados (como processos de formação e tomada de decisão), mas também fomentada pelo contexto externo onde as relações bilaterais têm lugar. Assim, o texto entende os ambientes interno e externo como co-constitutivos na definição de opções domésticas e de política externa, incluindo a luta contra o terrorismo. Deve ser notado que quer a Rússia quer a UE enfrentam a ameaça do terrorismo há anos, muito antes dos ataques de 11 de Setembro de 2001. Os registos diferenciados dos países europeus tornam-se explícitos nos também procedimentos diferenciados entre os estados membros da UE com reflexo na sua inter-relação, bem como nas abordagens próprias de Moscovo com base no que é entendido como experiência cumulativa.

Estas diferenças e experiências passadas adicionam complexidade a uma relação já desequilibrada, informada por entendimentos diferenciados de segurança, alargando as dificuldades existentes à própria definição de terrorismo, bem como a percepções distintas que moldam uma imagem muito particular e por vezes mesmo determinista do 'outro'. Estes têm sido elementos fundamentais no desenho desta relação. Isto significa que apesar da securitarização anti-terrorista ser prosseguida por ambas as partes, com carácter excepcional implicado em políticas e práticas, o que de facto tem sido securitizado na UE e na Rússia são objectos diferentes sob uma mesma rotulagem, apesar da preocupação partilhada e do reconhecimento do terrorismo transnacional como um problema partilhado numa Europa alargada.

Definir segurança: perspectivas complementares e competitivas

A UE não adoptou um conceito de segurança único claramente definido, assumindo segurança como abrangente, incluindo aspectos sociais e humanos, para além dos tradicionais temas militares; e transversal a questões internas e externas. As ameaças transnacionais associadas ao terrorismo internacional, entendido como "internacional por natureza" e constituindo uma "ameaça comum" (Communication from the Commission 2007), tornam necessário que se torne mais explícito este entendimento alargado de segurança, onde as dimensões interna e externa (Justiça e Assuntos Internos e Política Externa e de Defesa Comum (PEDC), respectivamente) devem ser combinadas de modo a responder de forma abrangente a ameaças também elas abrangentes. De acordo com a Comissão Europeia,

> O facto da segurança se estar a tornar um conceito amplo reflecte os desenvolvimentos em curso desde pelo menos a crise energética dos anos 1970. Esta evolução acelerou claramente após o final da Guerra Fria. Além do mais, tradicionalmente, a segurança tem sido analisada e gerida da perspectiva do estado e das alianças. Actualmente, a pertinência geográfica dos temas de segurança foi alargada incluindo os níveis sub-nacionais e globais. De forma similar, a abrangência do conceito foi alargada de aspectos puramente militares, incluindo também aspectos políticos, económicos e sociais. Não existe uma definição única, que englobe os variados aspectos da segurança. Segurança é um conceito amplo usado muitas vezes e em muitos sentidos, desde a dependência de bens, do seu fornecimento e da segurança do cidadão, até à paz e segurança globais. (EU Security Policy)

A Decisão Quadro de Combate ao Terrorismo (2002) avançou com uma definição possível sobre o terrorismo internacional num exercício de conjugação de diferentes visões sobre o tópico[1]. Em traços gerais, descreve

---

[1] Foram desenvolvidos vários esforços de contra-terrorismo dentro da UE antes de 11/9, apesar da Decisão Quadro ser o documento que melhor articula uma definição que abarca o posicionamento dos diferentes estados membros. De acordo com o texto da Decisão Quadro de Combate ao Terrorismo, parágrafo 4, "A nível da União Europeia, a 3 de Dezembro de 1998 o Conselho adoptou um Plano de Acção do Conselho e da Comissão sobre como melhor implementar as cláusulas do Tratado de Amesterdão na área da liberdade, segurança e justiça. Devem também ser tidas em conta as conclusões do Conselho de 20 de Setembro de 2001 e do plano de acção de combate ao terrorismo do

terrorismo como constituindo "uma das mais sérias ameaças à democracia, ao exercício de direitos humanos e ao desenvolvimento social e económico" e define ofensas terroristas como "ofensas no quadro de legislação nacional, que, dada a sua natureza ou contexto, podem seriamente afectar um país ou organização internacional com o objectivo de: intimidar seriamente uma população, ou forçar um Governo ou organização internacional a actuar ou abster-se de o fazer, ou seriamente desestabilizar ou destruir as instituições políticas, económicas ou sociais fundamentais de um país ou organização internacional" (Framework Decision on Combating Terrorism 2002, art.1).

As experiências diversas dos estados da UE face ao terrorismo, como ameaça real ou percepcionada, têm influenciado políticas e procedimentos na luta contra o terrorismo (como ameaça internalizada com ramificações transnacionais). Assim, a procura de uma definição consensual entre os estados membros tem-se revelado difícil, embora seja entendido no seio da União que a definição de trabalho existente constitui uma base sólida para o desenvolvimento de uma estratégia conjunta anti-terrorista. "Enquanto as Nações Unidas não chegarem a acordo quanto a uma definição e enquanto tal parecer distante, gostaria de chamar a atenção para o facto das convenções e protocolos universais relevantes fornecerem um entendimento legal comum do que constitui um acto de terrorismo. A União também tem uma definição de actos terroristas na sua Decisão Quadro sobre terrorismo. Estas são fundações legais sólidas" (FERRERO-WALDNER 2007). Contudo, as autoridades russas têm referido frequentemente esta falta de acordo como um obstáculo adicional na colaboração entre a UE e a Rússia, uma vez que os termos desta não são claros; i.e. a formulação ampla associada ao conceito permite interpretações divergentes. "[Esta situação] complica a introdução de uma base legal internacional para um acordo que permita conter, numa base colec-

---

Conselho Europeu Extraordinário de 21 de Setembro de 2001. O terrorismo foi referido nas conclusões do Conselho Europeu de Tampere de 15 e 16 de Outubro de 1999, e no Conselho Europeu de Santa Maria da Feira de 19 e 20 de Junho de 2000. Foi também mencionado na comunicação da Comissão ao Conselho e ao Parlamento Europeu na actualização bienal relativa à revisão de progresso na criação de uma área de 'liberdade, segurança e justiça' na União Europeia (segunda metade de 2000). Além do mais, a 5 de Setembro de 2001 o Parlamento Europeu adoptou uma recomendação sobre o papel da União Europeia no combate ao terrorismo. Deve, contudo, ser notado que a 30 de Julho de 1996, foram defendidas vinte e cinco medidas no combate ao terrorismo, na reunião em Paris dos principais países industrializados (G7) e da Rússia."

tiva, e de forma eficaz, a ameaça. A razão para tal situação prende-se com as múltiplas formas de manifestação e a estrutura complexa deste tipo de actividade criminosa" (IVANOV 2002).

Após os ataques de 11 de Setembro de 2001, a UE aprovou um 'Plano de Acção de Luta contra o Terrorismo' (Extraordinary European Council 2001) essencialmente direccionado para procedimentos internos, incluindo o reforço da Agência Europeia de Cooperação Policial (Europol) e a criação do Eurojust (Fevereiro de 2002), com o objectivo de melhorar a interacção entre as autoridades judiciárias, uma vez que o tema do financiamento ilegal de actividades relacionadas com o terrorismo foi claramente priorizado.[2] Este Plano de Acção foi reforçado em 2004, sublinhando a relevância de um maior envolvimento com países terceiros na luta contra o terrorismo. O princípio subjacente: um problema complexo e transnacional que impõe uma resposta também ela integrada, abrangente e cooperativa, exigindo assim a externalização das ferramentas e procedimentos da UE.

Em Março de 2004, como reforço da estratégia da UE, foi criada a posição de Coordenador Anti-Terrorismo (European Council 2004), com Mr. Gijs de Vries a assumir o posto. Em alguma medida, para além de coordenar procedimentos internos, esta posição implica também o reforço da dimensão externa ao tornar conhecida a abordagem estratégica da UE face ao contra-terrorismo, seguindo a estratégia de externalização mencionada. De facto, "a luta contra o terrorismo faz-se em vias duplas: primeiro, na dimensão interna, de contra-terrorismo da UE; e depois, na dimensão externa, no anti-terrorismo (…). A cooperação com países terceiros é alcançada através da inclusão de cláusulas anti-terrorismo estandardizadas em acordos bilaterais, oferecendo assistência técnica aos países afectados pelo terrorismo e a novos membros da UE, bem como através de declarações conjuntas, acordos sobre troca de informação e assistência legal, e acordos de extradição com países terceiros" (Martín 2004). A externalização das práticas de segurança da UE, nomeadamente na luta contra o terrorismo, visa deste modo englobar países terceiros, incluindo a vizinha Rússia. Combina claramente as dimensões interna e externa nas ações da UE na resposta ao terrorismo.

Contudo, o processo de securitarização da ameaça terrorista que tem tido lugar permitiu vozes críticas sobre o desrespeito por direitos fun-

---

[2] Estes desenvolvimentos vão permitir a adopção da Decisão Quadro em Junho de 2002.

damentais, e em particular, direitos individuais. O carácter excepcional das medidas implementadas, justificado na seriedade da ameaça e legitimado pela exigência de fornecer segurança às populações, tem permitido acções excepcionais, por exemplo na detenção, sentenciamento e tratamento de prisioneiros, acesso a dados bancários e outras informações, ou censura e controlo de informação. "Há uma tendência clara entre os estados, quase sem excepção, para criminalizar formas estabelecidas de dissensão e protesto e para recategorizar formas de desobediência civil e acção directa como 'terrorismo'" (Ray 2008, 4). A securitarização não deve, no entanto, tornar-se um meio para justificar acções que saem fora do quadro de procedimentos normalizados, permitindo violações ilimitadas de direitos e liberdades fundamentais.

As tendências para maior secretismo e menor responsabilização das organizações que lidam com o terrorismo parece "indiciar uma nova era, perigosa, de acção estatal preemptiva" (Bunyan citado em Euractiv 2005). De modo a que os efeitos perversos do processo de securitarização possam ser controlados, tem havido um esforço ao nível da UE para clarificar procedimentos nas relações intra- e inter-estatais: "[...] nada nesta Decisão Quadro pode ser interpretado como visando reduzir ou restringir direitos ou liberdades fundamentais, como a liberdade de expressão, reunião, ou associação, o direito ao respeito da privacidade e vida familiar, incluindo o respeito da confidencialidade da correspondência" (Commission of the European Communities 2007, parag.14; ver também, JHA Council, 2001). Paralelamente a estes esforços, há também campanhas civis internacionais, como as promovidas pela *Statewatch* ou pela *American Civil Liberties Union*, apelando a cuidados reforçados face ao controlo e supervisionamento no quadro da luta contra o terrorismo, avisando que o contra-terrorismo tem tido implicações directas em matéria de liberdades fundamentais (Euractiv 2005).

Estes são, assim, dois lados do mesmo problema: enquanto a securitarização permitiu medidas excepcionais em resposta ao terrorismo transnacional, permitiu também violações de liberdades fundamentais que a própria UE não pode arcar. Neste sentido, "a 'Europeanização' do risco e das respostas tende a reduzir diferenças na percepção da ameaça terrorista e levaria ao fortalecimento da identidade colectiva enquanto comunidade em risco" (Martín 2004), o que é frequentemente sentido na UE. E este processo de socialização poderia eventualmente minimizar os efeitos perversos que têm resultado da securitarização da luta contra o terrorismo.

Quanto à Rússia, o seu conceito de segurança nacional refere-se a um "sistema de perspectivas para assegurar a segurança do indivíduo, sociedade e estado de ameaças externas e internas em todas as esferas de vida na Federação Russa. [...] É interpretada como a segurança do seu povo multinacional como responsável pela segurança e única fonte de poder na Federação Russa" (National Security Concept of the Russian Federation 2000). Após o 11/9 a Rússia fortaleceu os seus ministérios e agências de segurança de modo a melhor responder à ameaça ao terrorismo. Além do mais, em Janeiro de 2002 o Presidente Russo assinou um Decreto sobre Medidas para Assegurar a Implementação da Resolução 1373 das Nações Unidas, autorizando todos os organismos executivos federais a tomarem medidas imediatas para evitar ataques terroristas, em particular o Ministério das Finanças, Justiça, Interior e dos Negócios Estrangeiros. O Serviço de Segurança Federal (FSB) foi encarregue primariamente da luta contra o terrorismo, e um comité nacional anti-terrorismo foi também criado para melhor coordenar acções contra o terrorismo dentro da Rússia, enquanto também contribuindo para a partilha de informações na esfera internacional.

A Rússia tem sido alvo de vários ataques terroristas no seu território, como as explosões nos apartamentos moscovitas em 1999, a tomada do teatro Dubrovka em 2002, a tragédia de Beslan em 2004, apenas para mencionar alguns, que legitimaram, de acordo com as autoridades russas, as políticas a serem seguidas na luta contra o que é simultaneamente uma nova e velha ameaça. A demonstrá-lo, e em particular após o 11 de Setembro de 2001 e até 2007, a Chechénia foi continuamente referida nos principais discursos e intervenções de representantes russos. Constitui o exemplo de como um país pode sofrer com a tragédia do terrorismo, e de como esta ameaça, muito real para os russos, deve ser combatida. O 11 de Setembro ofereceu legitimidade ao discurso russo, e deste modo justificou a luta contra-terrorista na Chechénia, como descrita e prosseguida pelas autoridades russas. O contra-terrorismo apenas será efectivo "se e quando as ideias dos principais mentores e ideólogos por trás do terrorismo puderem ser desprovidas da sua atractividade, e as ligações entre terroristas em torno do globo puderem ser cortadas, com o fim dos apoios financeiros, a destruição de infra-estruturas de treino, e a interrupção de fornecimento de armas" (IVANOV 2003). A partir de 2007 o problema checheno foi descrito como estando finalmente resolvido, apenas com pequenos incidentes sob o controlo das autoridades locais. Este triunfo sobre o 'mal' foi usado pelas autoridades russas para sustentar o discurso e reforçar a validade dos meios usados na luta contra o terrorismo, assim evitando maiores críticas internacionais.

As perspectivas sobre segurança na UE e na Rússia, apesar de uma formulação diferenciada, partilham o entendimento do conceito como amplo (actores e dimensões sectoriais diversas) e transversal, cruzando factores internos e externos. Esta maturação na conceptualização de segurança tem-se reflectido na forma como a Rússia e a UE se relacionam, amplificando os termos da parceria para uma cooperação mais focada contra o terrorismo internacional, como analisado. Mas este enfoque não significa uma partilha de entendimento relativamente aos meios para alcançar o objectivo comum de travar o terrorismo e promover estabilidade.

A dificuldade encontra-se desde logo na falta de uma definição internacionalmente acordada de terrorismo que evite leituras diferenciadas de ameaças e respostas, com consequentes desentendimentos e acusações de dois-pesos-duas-medidas na definição e implementação destas. "Se aqueles que rebentam apartamentos em Moscovo e Buinaks são considerados *freedom* fighters, enquanto noutros países pessoas que cometem actos dessa natureza são referidas como terroristas, não podemos sequer pensar numa frente unida anti-terrorismo" (IVANOV 2002). Mais tarde Ivanov argumentou que "os ataques ao pessoal militar das forças da coligação no Iraque são ainda inequivocamente definidos como actos terroristas, e acções similares de militantes na Rússia são muitas vezes descritos como a luta do povo checheno pela sua liberdade e independência" (IVANOV 2006). A Rússia gostaria de ver um processo político mais equitativo que deveria formar a base da colaboração UE-Rússia. Por seu turno, a UE gostaria de ver uma Rússia mais comprometida para com princípios e valores partilhados, permitindo uma base comum para o diálogo. Contudo, "mais perto de casa, as coisas têm sido mais difíceis. Não é de admirar: muitas vezes parece mais fácil sermos parceiros estratégicos do que bons vizinhos. Com a Rússia partilhamos um continente e uma história. Mas as nossas respectivas memórias são muito diferentes" (SOLANA 2009).

Nas palavras do então Ministro Russo da Defesa Sergei Ivanov, na luta contra o terrorismo e extremismo, "precisamos de definitivamente abolir o princípio de dois-pesos-duas-medidas, que é ainda popular na política mundial" (PRAVDA 2004). Moscovo argumenta que o formato do diálogo com a UE não corresponde aos padrões desejados, acarretando mesmo um sentido de 'imposição' de formas de actuar, para além de um tratamento percepcionado como de 'parceria júnior', com o qual a Rússia não pode concordar. Além do mais, é também relevante notar que os documentos oficiais russos quase não referem a UE como parceira principal na luta contra o terrorismo para além de formulações muito genéricas. De facto, tem sido dada ênfase à cooperação no seio do quadro de diálogo da Comunidade de Estados Independentes (CEI), e particularmente no contexto da Organização do Tratado de Segurança Colectiva[3] e da Organização de Cooperação de Xangai,[4] como fóruns operacionais para o fortalecimento da dimensão externa da luta contra o terrorismo.

Parece claro que a institucionalização de uma relação baseada em contactos regulares e na assinatura de acordos não tem sido acompanhada por uma partilha clara de valores e princípios relativos a procedimentos políticos. "Nunca antes tantos trabalharam na promoção da segurança europeia. Reuniões incontáveis são tidas em variados formatos: bilateral e multilateral, formal e informal, entre governos e envolvendo pessoas para além destes. Mas apesar de reunirmos frequentemente, há menos confiança entre nós" (SOLANA 2009). Um reconhecimento das dificuldades existentes, feito por ambas as partes, relativamente ao formato e conteúdo desta relação bilateral.

O distanciamento em termos de valores, a diferenciação normativa subjacente, e os entendimentos diferenciados sobre práticas (não)democráticas tornam o consenso quanto à definição de uma posição comum sobre segurança difícil. A luta contra o terrorismo tornou-se, neste contexto, exemplo destas diferenças, incluindo entendimentos e práticas, tornando a construção de uma área alargada de segurança um objectivo difícil de alcançar. Linguagem e prática estão proximamente ligadas, "co-constituindo a realidade social e política" (JACKSON 2005, 9). A mistura de políticas e abordagens cooperativas e competitivas confere uma dimensão desafiadora a esta relação: ambos reconhecem a relevância do outro, os benefícios estratégicos resultantes de entendimento mútuo, e os ganhos possíveis resultantes de colaboração, não só para os dois mas também para a estabilidade regional. Mas também reconhecem diferenças profundas em entendimentos e abordagens. Neste contexto, os guias de acção que enquadram as relações UE-Rússia precisam ser clarificadas de modo a que o novo acordo legalmente vinculativo em negociação, para substituir o velho Acordo de Parceria e Cooperação, possa reflectir princípios partilhados para acção, para além das páginas escritas do novo documento.

---

[3] A Organização do Tratado de Segurança Colectiva inclui como estados membros a Arménia, Bielorrússia, Cazaquistão, Quirguistão, Rússia e Tajiquistão.

[4] Os membros da Organização de Cooperação de Xangai são a China, Cazaquistão, Quirguistão, Rússia, Tajiquistão e Uzbequistão.

Dinâmicas de securitarização na relação UE-Rússia[5]

O final da Guerra Fria e a desagregação da União Soviética definiram um novo contexto onde o processo de des-securitarização do período altamente militarizado e securitizado da Guerra Fria permitiu que os ventos da cooperação soprassem. Este novo contexto permitiu o estabelecimento de cooperação político-económica e de segurança num período onde Moscovo se definiu como aliado natural da Europa. Já nos anos precedentes ao final da Guerra Fria, numa altura em que o diálogo se tornou mais fluído, os canais de contacto foram estabelecidos numa base mais regular. Esta aproximação lenta permitiu gradualmente a des-securitarização da maior parte dos assuntos nas agendas de ambos, com o seu regresso às 'políticas normais'. A União Soviética securitizava tudo "desde mísseis nucleares e exércitos em confronto a mini-saias e música pop" (BUZAN ET AL. 1998, 208), enquanto na Europa a propaganda e imagens da União Soviética eram também informadas pelo peso político, militar e ideológico que promovia o bloco oriental como o bloco do 'mal' e de políticas e direitos restritivos. Este processo artificial de excessiva securitarização está agora ultrapassado.

A Escola de Copenhaga trabalha o conceito de securitarização, argumentando que segurança é "uma prática auto-referencial, pois é no quadro desta prática que um assunto se torna um assunto de segurança – não necessariamente porque existe uma ameaça existencial real mas porque o assunto é apresentado enquanto tal" (BUZAN ET AL. 1998, 24). Assim, securitarização ocorre quando um assunto é retirado do seio das 'políticas normais' (BUZAN ET AL. 1998, 24), dado que "a *definição* e *critérios* exactos da securitarização são constituídos pelo estabelecimento inter-subjectivo de uma ameaça existencial com saliência suficiente para ter efeitos políticos substanciais" (BUZAN ET AL. 1998, 25). No período soviético, tudo o que estava ligado ao ocidente era entendido como ameaçador, enquanto o inverso também se aplicava. Assim, a relação entre os dois blocos estava extremamente securitizada, desde o assunto mais simples até opções militares. Actualmente, o processo de securitarização é mais selectivo, reflectindo as ambivalências inerentes a uma relação simultaneamente de cooperação e competição.

---

[5] Grande parte desta secção, que aborda o quadro teórico de securitarização da Escola de Copenhaga, é parte de uma reflexão anterior, FREIRE (2009).

Num processo de securitização há os objectos referenciais, aqueles que são referidos pelo actor da securitização como constituindo uma ameaça, e actores funcionais, aqueles que influenciam decisões no processo, mas não são actores de securitização. Nesta fórmula, "é sempre uma escolha política securitarizar ou aceitar uma securitização" (BUZAN ET AL. 1998, 29). Deste modo, a sua operacionalização implica o reconhecimento de autoridade ao actor da securitização, e o entendimento geral do assunto como ameaça. Isto sublinha a necessidade de uma abordagem convincente capaz de mobilizar uma audiência (BUZAN ET AL. 1998, 25).

Quando as regras são violadas e esta violação é tolerada na base de um argumento convincente de urgência de segurança relativa a uma ameaça existencial, estamos perante um caso de securitização. Isto significa que a análise da retórica e discurso político, a par de interacções políticas e do contexto internacional onde estes têm lugar são elementos relevantes no processo de securitização. E depois, o reverso do processo, isto é o regresso do assunto securitizado para o seio das 'políticas normais' definido como processo de des-securitização. E isto é "a opção óptima, uma vez que significa não ter assuntos fraseados como 'ameaças contra as quais temos contra-medidas' mas a sua mudança para fora desta sequência ameaça-defesa, ou seja para a esfera pública ordinária" (BUZAN ET AL. 1998, 29).

O argumento democrático, altamente securitizado, entendido como modelo a ser seguido para assegurar segurança e estabilidade nas fronteiras da UE tem lentamente voltado ao âmbito das políticas normais. Críticas mútuas abundam, mas o modelo russo de governação é crescentemente entendido pela UE como um problema político, e não tanto uma questão de segurança. Assim, o discurso tem demonstrado este desenvolvimento na forma como a governação democrática é trabalhada em Bruxelas e Moscovo, apesar de muita dissensão, e de ainda constituir (e continuar a constituir) um tópico de desacordo aos mais altos níveis de discussão.

A questão do terrorismo internacional tem sido um tema de preocupação quer nas Comunidades Europeias quer na Rússia. O 11 de Setembro permitiu de forma clara um tratamento diferenciado do tema ao providenciar "uma luta global contra o terrorismo", nova nas suas formas, actores e alcance. "A nova ameaça terrorista é diferente em carácter, visando não exigências políticas claramente definidas mas a destruição de uma sociedade e a eliminação de largas secções da população" (LAQUEUR 1999, 230); segue uma estrutura organizacional horizontal "onde células independentes operam de forma autónoma sem reportarem a uma estrutura de comando hierárquica ('vertical')" (MARTIN 2006, 40), deste modo confundindo a identificação de estruturas de comando e operacionais. É, assim, "a criação e exploração deliberada do medo através da violência ou da ameaça de violência no prosseguimento de mudança política" (HOFFMAN 2006, 40). E isto constitui uma ameaça em si mesma ao *status quo* ao desafiá-lo, como bem ilustrado no caso checheno.

Os ataques terroristas de 2001 e a luta global contra o terrorismo foram usados pelo presidente russo na sua procura de realinhamento com o ocidente, e na reafirmação do seu estatuto político internacional como promotor de decisão e influência na política internacional. As medidas excepcionais que se seguiram ao 11/9 (reforçadas pelos ataques em Madrid, Londres, Moscovo, etc.), assentes em consentimento público, levaram, por um lado, a um reforço das medidas de segurança no combate à ameaça transnacional, enquanto por outro, permitiram a adopção e fortalecimento de procedimentos na base dos esforços de contra-terrorismo que questionam liberdades fundamentais e colocam em questão os princípios democráticos que têm sido pilares da segurança Europeia.

As palavras fortes que têm marcado os discursos têm amplamente legitimado acções, deixando pouca margem de manobra para críticas ou condenações. "A 'guerra ao terrorismo' é simultaneamente um conjunto de práticas – guerras, operações secretas, agências e instituições – e um conjunto de assumpções, crenças, justificações e narrativas – é toda ela uma linguagem ou discurso" (JACKSON 2005, 18). E esta conjugação de práticas e narrativas tem informado as relações UE-Rússia na guerra ao terrorismo e ao modo como esta tem limitado/projectado esforços de cooperação entre as partes, como analisado na próxima secção.

As relações UE-Rússia e a 'guerra ao terrorismo'

Em Junho de 1994, a UE e a Rússia assinaram o Acordo de Parceria e Cooperação (APC), um acordo legalmente vinculativo que define os fundamentos das suas relações por um período de dez anos após ratificação. O acordo apenas entrou em vigor em Dezembro de 1997, essencialmente devido à questão chechena (guerra de 1994-1996). Genericamente, o APC visava cooperação em áreas diferenciadas com o objectivo de integrar a Rússia numa área de cooperação mais ampla na Europa, a promoção de segurança e paz internacionais, o desenvolvimento de uma sociedade democrática, um espírito de parceria e cooperação, e o reforço do comércio (com vista à criação de uma área de livre comércio), e laços económicos, políticos e culturais. Visa uma Europa unida sem linhas divisórias e o fortalecimento integrado e equilibrado das posições da UE e da Federação Russa relativamente aos temas mais prementes que afectam a comunidade internacional no novo século, incluindo o terrorismo transnacional. Nas suas formulações, as dinâmicas de des-securitarização são claras no modo como as partes se referem a um espírito de parceria nas várias dimensões de actividade conjunta. O tratamento político dos temas atesta esta normalização nas relações após a excessiva securitarização que marcou a Guerra Fria, apesar dos contactos reduzidos nesse período.

O 11 de Setembro gerou imediatamente uma forte reacção de apoio do Presidente Vladimir Putin para com os Estados Unidos, no que descreveu como uma ameaça e sofrimento bem conhecidos do povo russo, com especial menção à Chechénia. Putin descreveu os ataques nos Estados Unidos como "ataques terroristas bárbaros visando pessoas inocentes causando revolta e indignação" (PUTIN citado em RADYUHIN 2001). Desde então, as autoridades russas sublinharam várias vezes que têm estado a "lutar contra o terrorismo internacional há muitos anos, não apenas na Chechénia, [mas também] apoiando a Aliança do Norte [no Afeganistão]" (IVANOV citado em INTERFAX 2001). Contudo, "a situação triangular de um Estado russo industrial moderno a lidar com a situação da Chechénia num contexto amplamente pré-moderno, sob o olhar atento dos Europeus pós-modernos, é ilustrativa da discrepância entre zonas de tempo históricas onde estes três mundos existem" (TRENIN 2005).

Os ataques terroristas nos Estados Unidos permitiram a consolidação de tendências aceleradoras da securitarização da luta contra o terrorismo, uma preocupação anterior de segurança que se tornou tema de excepcionalidade relativamente às suas leituras e às medidas adoptadas, quer na Rússia quer na UE. Mas os contactos entre Bruxelas e Moscovo apontam para desacordo relativo a procedimentos e práticas, a palavras e acções, significando que o tema em cima da mesa é o de 'terrorismo(s)' diferenciados, e não uma luta conjunta contra um objecto claramente definido, e onde procedimentos conjuntos pudessem mais facilmente ser acordados. A evolução dos contactos nesta matéria revela que pequenos passos com sucesso particular na monitorização de fronteiras, construídos sobre fundações frágeis, tornam uma dinâmica que poderia suscitar aproximação, fonte de desentendimento.

Na Cimeira UE-Rússia de Outubro de 2001, uma declaração conjunta sobre terrorismo internacional foi adoptada. Com base em documentos anteriores, definiu o enquadramento para a cooperação entre as partes, focando na troca de informação relativamente ao movimento de pessoas, fornecimento de armas, transacções financeiras, e novas formas de actividade terrorista, incluindo ameaças químicas, biológicas ou nucleares. Também apontava para maior cooperação com partes terceiras tendo as Nações Unidas como quadro referencial. Contudo, não detalhava realmente medidas concretas para a cooperação anti-terrorismo UE-Rússia, apesar do contexto favorável. A ligeireza do documento nesta matéria, aparte princípios vagos relativos a partilha de informação, é revelador das dificuldades em definir uma base de acção comum (EU-Russia Summit 2001).

A ligação entre o terrorismo internacional e o crime organizado transnacional, tráfico de drogas, lavagem de dinheiro, tráfico de armas, e movimentação ilegal de materiais perigosos tem sido clara (ver por exemplo, Joint Statement on the Fight Against Terrorism 2002). Mas os passos concretos que foram acordados para conjuntamente responder à questão do terrorismo foram demasiado vagos, incluindo referências à troca de informação técnica e estratégica, e o fortalecimento da cooperação judiciária, sem procedimentos detalhados – os documentos reiteram uma base comum na condenação e luta contra "todos os actos de terrorismo", em especial "estado de direito, princípios democráticos e integridade territorial dos estados" (ver por exemplo, Joint Statement on the Fight Against Terrorism 2002; Russia-EU Summit, Moscow, 29 Maio 2002). Contudo, quando lido em maior detalhe esta base comum revela procedimentos pouco usuais. Tem, no entanto, permitido uma base comum de diálogo de relevância fundamental no contexto de tensão crescente na relação bilateral a que se assistiu, em particular nos últimos anos.

Em Maio de 2001, as partes decidiram aprofundar a cooperação bilateral estabelecendo um Conselho de Parceria Permanente, e o documento refere-se explicitamente a cooperação reforçada na área da Justiça e Assuntos Internos, incluindo gestão de fronteiras e temas migratórios, bem como a luta contra o crime organizado (EU-Russia Summit, "EU--Russia Partnership and Cooperation Agreement", Joint Statement, St. Petersburg, 31 Maio 2003). Claramente é reconhecida a necessidade de medidas mais concretas para que os resultados possam ser potencializados. A cooperação transfronteiriça é neste quadro uma dimensão da maior relevância, dado o cariz transnacional de muitas ameaças e actividades ilegais associadas ao terrorismo e que acontecem em grande medida junto às fronteiras. Estas tornaram-se, por isso mesmo, a área preferencial de cooperação entre as partes. A convergência relativamente à necessidade de uma frente comum na luta contra o terrorismo está, assim, presente na relação bilateral (ver por exemplo Communication from the Commission 2004), apesar dos muitos problemas que enfrenta, resultantes não só de dificuldades de entendimento entre a UE e a Rússia, mas também do contexto internacional. Este tem-se revelado difícil com o alargamento da OTAN a prometer a proximidade de tropas aliadas junto às fronteiras russas; a discussão sobre o escudo de defesa anti-míssil; e críticas sobre o modelo político de Putin, descrito como autoritário. A tensão daqui resultante afectou as relações UE-Rússia de forma negativa.

Nas palavras de Vladimir Pankov, o alargamento de 2004 da UE contribuiu para um refrear nas relações, e "a UE – diferentemente da sua retórica amigável – começou a arrefecer a sua aproximação à Rússia e adoptou uma política de 'coexistência pacífica' e competição rígida, senão mesmo hostil, na esfera económica" (PANKOV 2008). A inclusão de vários estados satélites da antiga União Soviética na UE causou desconforto em Moscovo, um sentimento mais tarde confirmado pelas posições hostis que muitos destes estados assumiram no seio da UE para com a vizinha Rússia. "É agora muito mais difícil para a Rússia lidar com a UE como 'comunidade solidária'" (PANKOV 2008). O Ministro da Defesa Ivanov criticou asperamente os europeus porque "muitos cidadãos russos não têm vistos, enquanto terroristas conseguem facilmente vistos Schengen. Por exemplo, Akhmed Zakayev, que está sob mandato de captura das autoridades russas, esteve na Dinamarca, e vive agora no Reino Unido. Em Janeiro visitou a Alemanha" (PRAVDA 2004). Além do mais, "era difícil para a Europa assumir uma posição comum para com a Rússia dado que os estados membros da União prioritizam aspectos diferentes nas suas relações com a Rússia. Por exemplo, estados fortes como a Alemanha e França, prioritizam temas económicos, enquanto a Polónia se preocupa com a atitude imperial russa, enquanto outros, como o Reino Unido, pretendem que Moscovo melhore questões de direitos humanos e de liberdade de imprensa" (WOLF 2009, 10). No entanto, e apesar das dificuldades crescentes, na Cimeira de Moscovo de Maio de 2005 as partes chegaram a acordo relativamente aos *roadmaps* para implementação dos quatro espaços comuns definidos anteriormente em São Petersburgo (2003), contribuindo para um novo enquadramento da relação, organizando as áreas de cooperação e os principais temas a serem abordados em torno das quatro categorias – espaço económico comum; espaço de liberdade, segurança e justiça; espaço de cooperação na área da segurança externa (estes dois incluem um enfoque claro na luta anti-terrorismo), e espaço de educação, investigação e cultura (EU-Russia 2005).

Dentro das áreas de segurança externa e interna, tópicos de relevância têm incluído o fortalecimento das relações entre agências russas e a Europol, cooperação reforçada face a lavagem de dinheiro e financiamento de grupos terroristas, corrupção, gestão fronteiriça, migrações, e tráfico de seres humanos e estupefacientes. A implementação tem sido lenta e agravada pelas dificuldades na relação resultantes de desenvolvimentos internos na UE e na Rússia, e externos, com impacto directo nas suas relações, em particular no segundo mandato de Vladimir Putin como presidente da Rússia. Na Conferência de Munique sobre Políticas de Segurança, em Fevereiro de 2007 (PUTIN 2007a) e, na altura do discurso à nação (26 de Abril), Putin criticou severamente os discursos ocidentais formatados sobre democratização e segurança, o uso de dois-pesos-duas--medidas e um tratamento diferenciado face à Rússia, em alguma medida reconstruindo velhos muros e recuperando velhas imagens, ao estilo da Guerra Fria. "No passado, na era do colonialismo, os países colonizadores falaram sobre o seu papel civilizador. Hoje, [alguns países] usam slogans de expansão democrática para o mesmo fim, e esse é alcançar vantagens unilaterais e assegurar os seus próprios interesses" (Putin 2007). Este tom duro foi acompanhado pelo anúncio de uma moratória ao Tratado sobre Forças Convencionais na Europa (Tratado CFE), deixando clara a tensão na relação. Anos antes, o Ministro da Defesa Russo aconselhou que "a admissão à OTAN de sete novos membros, com quatro deles a ficarem fora do Tratado, torna o sistema de limitações do Tratado imperfeito, ineficiente, e distante da realidade" (Ivanov 2003). A retirada unilateral russa do Tratado CFE era inevitável[6] num contexto de elevada tensão internacional, demonstrativo da inter-ligação entre questões internas e dinâmicas externas. Contudo, o reconhecimento mútuo da relevância desta relação manteve as partes em diálogo, com o diálogo anti-terrorismo a constituir exemplo. Estas relações tensas têm consequências duradouras implicando falta de confiança, algo que não pode ser permitido. Tratam-se de dinâmicas de resecuritarização que parecem recuperar

---

[6] O Tratado CFE II, uma versão revista do Tratado CFE acordado em Istambul em 1999, foi ratificado apenas por alguns países, incluindo a Rússia, Bielorrússia, Cazaquistão e Ucrânia. A Rússia retirou do Tratado em finais de 2006, retirada esta com efeito jurídico a partir de 11 de Janeiro de 2007.

a velha imagem do "inimigo" e conferir-lhe expressão material. Mas neste sentido, securitarização tem sido sinónimo de militarização.

A renovação automática do APC em finais de 2007, após a incapacidade das partes em alcançar bases comuns para um novo acordo, foi interpretada como um sinal negativo (ver ARBATOVA 2006; LIKHACHEV 2006; BORDACHEV 2006; EMERSON ET AL. 2006). Por um lado, sinalizou a falta de vontade russa em negociar um novo acordo, que na formulação proposta era entendido como contrário aos seus interesses, especialmente no que diz respeito a temas energéticos; por outro lado, sublinhou a postura reticente da UE em avançar um novo modelo para a relação com Moscovo. Num novo contexto presidencial, após Medvedev ter assumido a presidência, as negociações recomeçaram (Press Release 3 Julho 2008), apesar de terem sido interrompidas na altura da guerra na Geórgia. Foram retomadas na primavera de 2009, demonstrando um reconhecimento da relevância mútua do diálogo em várias matérias fundamentais, incluindo a guerra ao terrorismo. "Maior estabilidade política e económica na nossa vizinhança partilhada é no interesse de todos. A parceria UE-Rússia tem demonstrado capacidade para manter o diálogo mesmo em tempos mais difíceis, e precisamos de continuar a fortalecer a parceria caracterizada por interdependência, confiança mútua, previsibilidade e transparência. Os avanços nos quatro espaços comuns e as negociações em curso para um novo acordo compreensivo são sinais claros da vitalidade da nossa relação e do interesse mútuo em desenvolvê-la mais" (FERRERO-WALDNER 2009).

A guerra ao terrorismo permitiu a "criação discursiva de um 'outro' externo que reforça a identidade do 'eu'" (JACKSON 2005, 59), deste modo sustentando e legitimando objectivos políticos. A linguagem do "mal", "vândalos", "selvagens", "bárbaros" definidos pelos seus "actos de terrorismo cobardes e criminosos" causando "disfunções sociais" e "ameaça[ndo] os nossos direitos fundamentais" completa a fórmula. O processo de securitização está cada vez mais assente numa linguagem de ameaça e perigo assegurando aceitação pública das medidas excepcionais tomadas a nível legislativo e institucional para conter as ameaças associadas ao terrorismo transnacional. Do mesmo modo, o discurso permite que o processo de securitização tenha lugar, mas contribui também para uma "institucionalização" das abordagens. "O colete-de-forças discursivo da 'guerra ao terrorismo' não permite um pensamento claro e construtivo sobre abordagens e estratégias alternativas" (JACKSON 2005, 184). Isto ainda é mais assim quando medidas conjuntas são tão fracas, como no caso do diálogo difícil UE-Rússia.

Considerações Finais

Na relação UE-Rússia, a condução de diálogo e a implementação de iniciativas devem ser suficientemente claros para dirimir os receios russos sobre as opções europeias, que aumentaram com a diminuição do poder de Moscovo no palco mundial. Nenhuma das partes vê os seus interesses melhor servidos excluindo a outra, mas também entendem a necessidade de aprofundar a cooperação. O anterior presidente e actual primeiro-ministro, Vladimir Putin, tem mencionado a necessidade de melhorar a eficácia e qualidade desta cooperação (LYNCH 2003, 18), um objectivo reiterado pelo actual Presidente Medvedev (2008). Contudo, há uma tensão clara entre a expansão da agenda normativa da UE e considerações de políticas de poder russas (TIMMINS 2003, 78-79). As ambiguidades inerentes a esta parceria na luta contra o terrorismo, onde a conciliação de interesses, mesmo em face de uma preocupação comum, nem sempre é fácil, são reflexo da necessidade de equilibrar *trade-offs*, políticas de envolvimento, práticas e auto-interesses enraizados, bem como o distanciamento entre palavras, entendimentos e acções.

Deste modo, a procura de formas inovadoras de lidar com as diferenças é essencial na construção de confiança e na consolidação de abordagens de cooperação. O redesenhar do APC pode constituir uma oportunidade para as partes se envolverem de forma distinta, assumindo narrativas diferenciadas presentes em Bruxelas e Moscovo e que precisam de ser incorporadas em quaisquer novos arranjos. As consequências destes desencontros resultantes de palavras similares mas entendimentos díspares, claros na 'guerra ao terrorismo', como analisado, constituem impedimentos sérios a uma maior cooperação. O caminho aponta para a urgência da convergência desta relação bilateral, e particularmente aqui da clarificação de medidas anti-terrorismo, num contexto onde a securitarização da 'guerra ao terrorismo' tem resultado na securitarização de objectos diferentes, com impacto negativo. A necessidade de aprimorar abordagens quer da UE quer da Rússia em acções comuns concretas é, deste modo, muito clara.

Bibliografia

ARBATOVA, Nadezhda. 2006. "Russia-EU Quandary 2007." *Russia in Global Affairs* 2. http://eng.globalaffairs.ru/numbers/15/1023.html.

BORDACHEV, Timofei. 2006. "Toward a Strategic Alliance." *Russia in Global Affairs* 2. http://eng.globalaffairs.ru/numbers/15/1024.html.

BUZAN, B. et al. 1998. *Security, A New Framework for Analysis*. London: Lynne-Rienner Publishers.
Commission of the European Communities. 2007. "Proposal for a Council Framework Decision Amending Framework Decision 2002/475/JHA on Combating Terrorism, COM/2007/0650 final – CNS 2007/0236." Bruxelas, 6 Novembro.
Communication from the Commission. 2007. To the European Parliament and the Council – Stepping up the fight against terrorism, COM/2007/0649 final. Bruxelas, 6 Novembro.
———. 2004. To the Council and the European Parliament on Relations with Russia, COM(2004)106. Fevereiro.
EMERSON, Michael; FABRIZIO TASSINARI and MARIUS VAHL. 2006. "A New Agreement between the EU and Russia: Why, What and When?" CEPS Policy Brief 103.
EU-Russia 2005. "EU-Russia: Road Map for the 4 Common Spaces." *EU-Russia Summit*, Moscow, *General Affairs and External Relations Council*. 10 Maio. http://www.eu2005.lu/en/actualites/documents_travail/2005/05/10-4spaces/4spaces.pdf.
EU-Russia Summit. 2001. "Areas of EU-Russia Cooperation in the Fight Against Terrorism." Bruxelas, 3 Outubro.
"EU Security Policy and the Role of the European Commission", European Commission External Relations.
http://ec.europa.eu/external_relations/cfsp/esdp/index.htm.
Euractiv. 2005. "Anti-Terrorism Policy." 11 Março (actualizado a 8 de Junho de 2007). http://www.euractiv.com/en/security/anti-terrorism-policy/article-136674.
European Commission. 2009. "The EU Fights Against the Scourge of Terrorism." Freedom, Security and Justice – Justice and Home Affairs.
http://ec.europa.eu/justice_home/fsj/terrorism/wai/fsj_terrorism_intro_en.htm.
European Council. 2004. "Establishment of the Position of a Counter-Terrorism Coordinator." EC14. 25 Março.
Extraordinary European Council. 2001. "Plan of Action to Combat Terrorism of 21 September."
http://www.consilium.europa.eu/ueDocs/cms_Data/docs/pressData/en/ec/140.en.pdf.
FERRERO-WALDNER, Benita. 2009. "EU-Russia Summit on 21-22 May in Khabarovsk." IP/09/817. Bruxelas, 20 Maio.
FERRERO-WALDNER, Benita. 2007. European Commissioner for External Relations and European Neighbourhood Policy. "The External Dimension of the Fight Against International Terrorism." Statement to the EP Plenary Session, SPEECH/07/81. Estrasburgo, 14 Fevereiro.
Framework Decision on Combating Terrorism. 2002. Council of the European Union, 2002/475/JHA. 13 Junho.
http://eur-lex.europa.eu/smartapi/cgi/sga_doc?smartapi!celexapi!prod!CELEX numdoc&lg=EN&numdoc=32002F0475&model=guichett.

Freire, Maria Raquel. 2009. "The EU and Russia: Forging a Strategic Partnership?" In Roger E. Kanet, ed., *A Resurgent Russia and the West: The European Union, NATO and Beyond*. Dordrecht: Republic of Letters.

Hoffman, Bruce. 2006. *Inside Terrorism*. New York: Columbia University Press.

Interfax. 24 Setembro 2001. "S. Ivanov: Russia Struggling against International Terrorism not Only in Chechnya." http://www.watchdog.cz/index.php?show=000000-000004-000004-000003-000007&lang=1.

Ivanov, Sergey. 2006. Minister of Defense of the Russian Federation. "Speech at the 42nd Munich Conference on Security Policy." 5 Fevereiro.

———. 2003. Minister of Defense of the Russian Federation. "Speech at the 39th Munich Conference on Security Policy." 8 Fevereiro.

———. 2002. Minister of Defense of the Russian Federation. "Countering International Terrorism by Military Force." Munich Security Conference. 3 Fevereiro.

Jackson, Richard. 2005. *Writing the War on Terrorism: Language, Politics and Counter-Terrorism*. Manchester: Manchester University Press.

JHA Council. 2001. 12647/4/01. 16 Novembro.

"Joint Statement on the Fight Against Terrorism." 2002. Russia-EU Summit. Bruxelas, 11 Novembro.

Laqueur, Walter. 1999. *The New Terrorism: Fanaticism and the Arms of Mass Destruction*. New York: Oxford University Press.

Likhachev, Vassily. 2006. "Russia and the European Union." *International Affairs – A Russian Journal of World Politics, Diplomacy and International Relations* 52(2), 102-114.

Lynch, Dov. 2003. *Russia Faces Europe*. Chaillot Papers 60. Paris: Institute for Security Studies.

Martín, Félix Arteaga. 2004. "The European Union and its Fight Against Terrorism." *ARI Papers* 42. Madrid: Real Instituto Elcano.

Martin, Gus. 2006. *Understanding Terrorism: Challenges, Perspectives and Issues*. London: Sage.

Medium Term Strategy for Development of Relations with the European Union. 1999. http://www.eur.ru/eng/neweur/user_eng.php?func=apage&id=53.

Medvedev, Dmitry. 2008. Speech at the Meeting with Russian Ambassadors and Permanent Representatives to International Organisations. Russian Foreign Ministry. Moscovo, 15 Julho. http://www.kremlin.ru/eng/speeches/2008/07/15/1121_type82912type84779_204155.shtml.

"National Security Concept of the Russian Federation. Approved by Presidential Decree No. 1300 of 17 December 1999 (given in the wording of Presidential Decree No. 24 of 10 January 2000)." http://www.fas.org/nuke/guide/russia/doctrine/gazeta012400.htm.

Pankov, Vladimir. 2008. "Options for the EU-Russia Strategic Partnership Agreement." *Russia in Global Affairs* 2. Abril-Junho.

PRAVDA. 2004. "Anti-terrorism Fight is Priority in Russia-NATO cooperation." 6 Abril.
http://www.mfa.gov.yu/FDP/pravda06042004.html.
Press Release. 2008. "EU-Russia: First Round of Negotiations for the New Agreement." IP/08/1099. Bruxelas, 3 Julho.
http://europa.eu/rapid/pressReleasesAction.do?reference=IP/08/1099&format=HTML&aged=0&language=EN&guiLanguage=en
PUTIN, Vladimir. 2007. "State of the Union Address", Abril.
———. 2007a. 43rd Munich Conference on Security Policy. 10 Fevereiro.
http://www.securityconference.de/konferenzen/rede.php?sprache=en&id=179&.
RADYUHIN, Vladimir. 2001. "Russia Calls for Joint Fight against Terrorism." *The Hindu*. 13 Setembro.
RAY, Gene. 2008. "On the Targeting of Activists in the 'War on Terror'." *Statewatch* 18(3), 4-6 Julho-Setembro.
SOLANA, Javier. 2009. Speech at the 45th Munich Security Conference. 7 Fevereiro.
———. 2003. "A Secure Europe in a Better World, Thessaloniki European Council." 20 Junho.
"The Foreign Policy Concept of the Russian Federation", 28 Junho 2000.
TIMMINS, Graham. 2003. "Strategic or Pragmatic Partnership? The EU's policy towards Russia since the end of the Cold War." In Rick Fawn, ed., *Realignments in Russian Foreign Policy*. London: Frank Cass, 78-95.
TRENIN, Dmitri. 2005. "Russia and Anti-Terrorism." In Dov Lynch, ed., *What Russia Sees*. Chaillot Paper 74, Institute for Security Studies of the European Union.
http://aei.pitt.edu/3378/01/chai74.pdf.
WOLF, Jörg. 2009. *Russia as a Strategic Partner? An Expert Survey by Atlantic-Community.org*. Atlantische Initiative: Berlin.

COOPERAÇÃO JUDICIÁRIA EM MATÉRIA PENAL NO ÂMBITO DO TERRORISMO

MANUEL MONTEIRO GUEDES VALENTE

Enquadramento temático

1. A globalização e a natural glocalização dos fenómenos criminais germinam a ideia de um espaço inseguro não territorializado. O espaço vestfaliano desapareceu e uma nova ordem espacial do crime inculca nos nossos espíritos a certeza da vulnerabilidade do «eu», do «outro» e do «nós». Esta vulnerabilidade singular manifesta-se, no dia-a-dia, numa vulnerabilidade colectiva estatal ou regional (europeia) ou mundial.

Associamos a acção (actos e/ou factos) e o resultado (efeitos) criminais globalizados aos localizados. O crime global só se desenrola se existirem bases materiais e humanas locais que sustentem a rede extra nacional ou extra muros estatais. Recorremos à expressão *Glocalização* de PHILIPPE QUÉAU[1], ex-Director de Informação da UNESCO, para expressar a interdisciplinaridade da criminalidade globalizada ou transnacional com a sua glocalização: as redes terroristas estruturadas em células de que nos fala MARQUES GUEDES[2] é o exemplo perfeito do fenómeno da glocalização do terrorismo[3]. No

---

[1] Quanto à glocalização, REGINALDO RODRIGUES DE ALMEIDA, *Sociedade Bit. Da Sociedade da Informação à Sociedade do Conhecimento*, 2.ª Edição, Lisboa: *Quid Juris*, 2004, p. 23.

[2] Quanto às células e redes terroristas espalhadas por todo o globo terrestre e a sua interligação doutrinária e operacional, ARMANDO MARQUES GUEDES, *Ligações Perigosas – Conectividade, Coordenação e Aprendizagem em Redes Terroristas*, Coimbra: Almedina, 2007.

[3] A rede (ou ramificação) de Hamburgo da al-Qaeda, que, de acordo com os estudos de informações e segurança da Alemanha e dos Estados Unidos da América, estruturou

sentido de um terrorismo globalizado e glocalizado, MARIA DO CÉU PINTO fala-nos do recrutamento, da doutrinação, da preparação operacional e da execução dos actos dos membros de uma organização terrorista, em especial da al-Qaeda[4] (PINTO 2008, 69-88).

Os direitos e as liberdades fundamentais dos cidadãos desnudam-se com a abolição das fronteiras físicas e com a abertura ao espectro mundial: o reflexo característico de um «eu» e de um «outro» de um local passou a ser não só partilhado por um «eu» e um «outro» de outro local distante, como passou a ser característico de todo um globo[5]: de «um "todos nós"»[6] global. A afirmação desse espectro difere como difere a cultura emergente da mudança. O viver de cada cidadão é, cada vez mais, um viver como "cidadão do mundo".

A exacerbação criminal catapultada pela globalização, comunicacionalmente (mais) afirmada pelo fenómeno terrorista que aproveitou a boleia dos efeitos dos atentados de 11 de Setembro de 2001, consciencializou-nos para a desterritorialização do crime e da segurança. Nesta linha FARIA COSTA afirma que "o local, isto é, a mónada solitária que o ainda Estado representa, é o absoluto. Pela razão simples de que já não há «dentro»

---

e organizou os atentados do 11 de Setembro de 2001, é um exemplo perfeito da glocalização global do terrorismo, cujas teias e fluxos informacionais e operativos se enraízam nos fluxos em funcionamento: inclusive os fluxos legais.

[4] A Convenção Europeia para a Prevenção do Terrorismo do Conselho da Europa recomenda os Estados-membros a criminalizarem as condutas de recrutamento e de preparação (treino) para actos terroristas. Cfr. artigos 6.º e 7.º da Convenção.

[5] Quanto à globalização de todos os fenómenos – económico, social, político e jurídico – que se manifesta na segurança das pessoas pela prática de crimes alocais e gera a extraterritorialidade do Direito penal material e processual, JOSÉ DE FARIA COSTA, "A Globalização e o Direito Penal (ou o tributo da consonância ao elogio da incompletude)", in *STDVDIA IVRIDICA – 73, COLLOQUIA – 12, Globalização e Direito*, Coimbra: Coimbra Editora, pp. 181-190. Quanto à internacionalização e europeização do crime e a corresponde necessária internacionalização e europeização da acção penal enraizada nos valores da humanidade consagrados na DUDH e na CEDH, ANABELA MIRANDA RODRIGUES e JOSÉ LOPES DA MOTA, *Para uma Política Criminal Europeia. Quadro e Instrumentos Jurídicos da Cooperação Judiciária em Matéria Penal no Espaço da União Europeia*, Coimbra: Coimbra Editora, 2002, pp. 13-18.

[6] Socorremo-nos da expressão de GUSTAV RADBRUCH – «um "todos nós"» – para ilustrar um Direito penal e processual penal supranacional próprio de um Estado de Direito constitucional democrático, ou seja, um Direito expressão da vontade popular. Cfr. GUSTAV RADBRUCH, *Filosofia do Direito*, (Tradução de MARLENE HOLZHAUSEN), São Paulo: Martins Fontes, 2004, p. 238.

nem «fora». Pela razão simples de que tudo é tudo aqui, neste ponto, mas é a mesma coisa nos antípodas. O nosso viver despacializou-se. O nosso interagir subjectivo perdeu as referências clássicas do espaço. As culturas, os gestos, os gostos, os saberes, as informações tudo está em qualquer lugar, em qualquer espaço. (…). Está em qualquer lugar porque a velocidade de circulação de bens, mesmo dos bens materiais – para não falarmos sequer dos chamados serviços –, desenvolveu-se exponencialmente. Por isso podemos encontrar em Hong-Kong os mesmos produtos que nos oferece a loja mais perdida do Portugal profundo" (FARIA COSTA 2003, 186).

2. O crime deixou de ser uma realidade de um determinado espaço identificado e determinado, de uma classe social, de um *modus operandi*, de um móbil específico, de uma espécie, de uma associação, de um género ou de um encontro de vontades. O crime, *i. e.*, a conduta negativa considerada pelos ordenamentos jurídicos como merecedora de uma censurabilidade social digna de ser modelo antijurídico (contrário ao *dever ser*) e de ser tipificada como punível com uma pena, deixou de ser o reflexo de uma cultura de segurança interna e externa estatal de *Westfália* e passou para um reflexo de uma cultura regional – *v. g.*, União Europeia – ou de uma cultura internacional ou quase mundial – *v. g.*, a Organização das Nações Unidas.

A assumpção de que a criminalidade transnacional não tem local fixo quer nos factos quer nos efeitos é incrementada na lógica do terrorismo. Os actos terroristas praticados em Londres – 7 de Julho de 2005 – não se esgotam nesta cidade: da preparação à execução existem vários locais e vários Estados da União Europeia e Estados terceiros. Este pensar aplica-se ao 11 de Março de 2004: atentados de Atocha. Muito mais se aplica ao 11 de Setembro de 2001: actos terroristas de nível transnacional.

Os efeitos dos actos terroristas não se esgotaram na cidade londrina, nem madrilena, nem nova-iorquina; estenderam-se não apenas ao espaço britânico, espanhol e americano, mas a todo o espaço da União e a todos os Estados terceiros e do globo terrestre que não perfilham ideais de destruição do ser humano. Os actos ou factos criminais, *i. e.*, a acção e os seus efeitos despacializaram-se e demonstram as vulnerabilidades da segurança interna e da segurança externa estatal e regional.

O Direito que nos rege sob um *dever ser* não está imune a este fenómeno: a globalização/transnacionalização do terrorismo impõe uma resposta interna e externa jurídica substantiva e processual (*maxime* jurisdicional) global/transnacional. No espaço europeu, exige-se uma resposta europeia sob um Direito penal material e processual europeu ou, como acontece, sob uma cooperação judicial e policial em matéria penal europeia[7]. Neste estudo apenas nos debruçaremos sobre a cooperação judicial[8] a nível da União Europeia e avançaremos com uma crítica à instauração de um movimento securitário e justicialista europeu na construção de um espaço de liberdade, de justiça e de segurança europeu.

Da acção revolucionária à consciencialização criminal do terrorismo

3. A violência terrorista fora fomentada e financiada por muitos dos Estados que hoje estão na primeira linha da sua prevenção e 'combate' diário. Durante décadas, os actos de violência de elementos dissidentes do poder instituído eram legitimados por uma ideologia de libertação da opressão política – própria dos sistemas jurídico-políticos totalitários e autoritários – ou destinada a implementar um sistema político (abstractamente) republicano democrático ou não, liberal, socialista ou marxista, e eram defendidos e apoiados por Estados ou movimentos revolucionários internacionais. Esta violência era direccionada ao titular do poder ou aos representantes legais do poder instituído. A violência gerada legitimava-se como originária e justificava-se como necessária à instauração de uma nova ordem jurídico-política.

A Organização das Nações Unidas não assumiu, *ab initio*, um papel de condenação de quaisquer actos de violência – legitimados ou justificáveis ou não – fossem de grupos revolucionários e de auto-afirmação de um povo, fossem de Estados reconhecidos perante a jurisdição internacional. As condenações que, hoje e amiúde, vemos e ouvimos do Secretário--geral das Nações Unidas nem sempre foram uma constante política de afirmação do papel que lhe fora atribuído pela Carta das Nações Unidas

---

[7] Cfr. art. 29.º do Tratado da União Europeia que fora substituído pelo art. 67.º do Tratado sobre o Funcionamento da União Europeia aprovado pelo Tratado de Lisboa.

[8] Entendemos que o conceito de cooperação judicial mútua é muito mais abrangente do que o conceito *auxílio judiciário mútuo*, que é uma das formas de cooperação judiciária em matéria penal. O auxílio judiciário mútuo é, legalmente, a «comunicação de informações, de actos processuais e de outros actos públicos necessários à realização das finalidades do processo, bem como os actos necessários à apreensão ou à recuperação de instrumentos, objectos ou produtos da infracção». Cfr. n.º 1 do art. 145.º da Lei da Cooperação Judiciária Internacional em Matéria Penal, aprovada pela Lei n.º 144/99, de 31 de Agosto, alterada pela Lei n.º 104/2001, de 25 de Agosto, pela Lei n.º 48/2003, de 22 de Agosto, e pela Lei n.º 48/2007, de 29 de Agosto.

e pela DUDH, e, ainda hoje, sempre que o actor violento é um Estado 'poderoso', a reacção tarda ou nunca chega. Esta atitude gera na comunidade internacional e nas comunidades nacionais a aspiração de uma *ordem judicial mundial*[9] que tutele, no mínimo, os bens jurídicos lesados ou colocados em perigo de lesão por actos designados de terroristas.

A ONU não optou, inicial e vincadamente, por 'condenar' política e jurídico-criminalmente os actos terroristas. Iniciou a censurabilidade jurídico-criminal com a estatuição de actos ilícitos levados a cabo por organizações ou associações criminosas contra as representações diplomáticas – *v. g.*, Convenção sobre a Prevenção e Repressão de Crimes contra Pessoas que Usufruem de Protecção Internacional, incluindo os Agentes Diplomáticos de 1973[10] – e, posteriormente, contra a aviação civil, respectiva utilização e tomada de reféns – *v. g.*, Convenção para a Supressão de Actos Ilegais Contra a Segurança da Aviação Civil 1971[11]; Protocolo para a Repressão de Actos Ilícitos de Violência nos Aeroportos ao Serviço da Aviação Internacional de 1988[12]; Convenção para Repressão da Captura Ilícita de Aeronaves de 1970[13]; Convenção relativa a Infracções e a Certos Outros Actos Cometidos a Bordo de Aeronaves

---

[9] Neste sentido se pronunciou o ilustre pensador e académico ADRIANO MOREIRA na conferência de abertura do Curso Intensivo de Contra-terrorismo, no Instituto Superior de Ciências Policiais e Segurança Interna, no dia 7 de Janeiro de 2008. Não a nível de uma nova ordem judicial mundial, mas no sentido da mundialização da jurisdição e dos juízes – das decisões judiciais carregarem valor judicial supranacional –, JULIE ALLARD e ANTOINE GARAPON, *Os Juízes na Mundialização. A Nova Revolução do Direito*, (Tradução de ROGÉRIO ALVES), Lisboa: Instituto Piaget, 2006.

[10] A entrada em vigor desta Convenção previa-se para 20 de Fevereiro de 1977. A Resolução da Assembleia da República n.º 20/94, de 5 de Maio, aprovou para ratificação a Convenção e o Decreto do Presidente da República n.º 22/94, de 5 de Maio, ratificou-a, cujo depósito, nos termos da Convenção de Viena, se operou pelo Aviso n.º 268/97, de 20 de Julho, com a indicação da entrada em vigor, em Portugal, a 11 de Setembro de 1995.

[11] A entrada em vigor desta Convenção previa-se para 26 de Janeiro de 1973. O Decreto n.º 451/72, de 14 de Novembro, aprovou para ratificação a convenção. O Aviso de 28 de Abril de 1973 tornou público a lista dos países depositantes da convenção. Entrou em vigor em Portugal a 14 de Fevereiro de 1973.

[12] A entrada em vigor deste Protocolo previa-se para 6 de Agosto de 1988. A Resolução da Assembleia da República n.º 32/98, de 17 de Junho, aprovou para ratificação o Protocolo, que foi ratificado pelo Decreto do Presidente da República n.º 22/98, de 17 de Junho. Entrou em vigor em Portugal a 17 de Janeiro de 2002.

[13] A entrada em vigor desta Convenção previa-se para 14 de Outubro de 1971. A Convenção foi aprovada para ratificação pelo Decreto n.º 386/72, de 12 de Outubro, e entrou em vigor em Portugal a 27 de Dezembro de 1972.

de 1963[14]; e Convenção Internacional contra a Tomada de Reféns de 1979[15]. Os actos previstos nestas Convenções e no Protocolo consubstanciam actos terroristas e são, hoje, elementos objectivos dos tipos de crime da tipologia «terrorismo».

4. Não nos é estranho o facto de que só depois da primeira tentativa de ataque terrorista às torres gémeas por parte da al-Qaeda – atentado de 1993 nos parques de estacionamento com um camião de explosivos –, os Estados a nível mundial declarassem e considerassem que qualquer acto de índole terrorista não se justificava e devia ser perseguido como crime pelas legislações nacionais dos Estados membros da Nações Unidas: em especial, os Estados parte da Convenção Internacional para a Repressão de Atentados Terroristas à Bomba de 1998[16] e da Convenção Internacional para a Eliminação do Financiamento do Terrorismo de 1999[17].

Nesta mesma linha, poder-se-á apontar as Resoluções 1368 (2001), 1373 (2001) e 1377 (2001) do Conselho de Segurança das Nações Unidas e as Resoluções 49/60 "Declaração sobre as medidas para eliminar o Terrorismo Internacional" e 56/1 (2001) da Assembleia-geral das Nações Unidas.

A ONU, só com estas duas últimas convenções, considera que preenchem a tipologia do terrorismo as condutas negativas carregadas de censurabilidade social dignas de serem tipificadas como modelos de comportamento antijurídicos e passíveis de serem puníveis com penas ou, nos casos de estado de perigosidade, de serem subsumíveis à aplicação de uma medida de segurança. Estas convenções ilustram a necessidade de a prevenção do terrorismo não se esgotar no quadro interno, de a perseguição

---

[14] A entrada em vigor desta Convenção previa-se para 4 de Dezembro de 1963. A Convenção foi aprovada para ratificação pelo Decreto-Lei n.º 45 904, de 5 de Setembro de 1964, e entrou em vigor em Portugal a 4 de Dezembro de 1969.

[15] A entrada em vigor desta Convenção previa-se para 3 de Maio de 1983. A Convenção foi aprovada para ratificação pela Resolução da Assembleia da República n.º 3//84, de 8 de Fevereiro, e pelo Aviso de 21 de Dezembro de 1984 foi tornado público o depósito do instrumento de ratificação.

[16] A entrada em vigor desta Convenção previa-se para 23 de Maio de 2001. A Convenção foi aprovada para ratificação pela Resolução da Assembleia da República n.º 40//2001, de 25 de Junho, e ratificada pelo Decreto do Presidente da República n.º 31/2001, de 25 de Junho, e entrou em vigor em Portugal a 10 de Dezembro de 2001.

[17] A entrada em vigor desta Convenção previa-se para 10 de Abril de 2002. A Convenção foi aprovada para ratificação pela Resolução da Assembleia da República n.º 51/2002 (DR I-A, n.º 177, de 2/8/2002) e entrou em vigor em Portugal a 17 de Novembro de 2002.

criminal de actos terroristas só almejar possíveis bons frutos se estiver fundada no princípio da cooperação internacional, de a consciencialização de que quem protege o terrorismo "tarde ou cedo" será sua presa ou vítima directa.

Relembramos, neste canto, a lúcida afirmação de HANNAH ARENDT, de que "Se pratico o mal, vivo junto com um malfeitor, e embora muitos prefiram praticar o mal em proveito próprio em vez de sofrer o mal, **ninguém vai preferir viver junto com um ladrão, um assassino ou um inimigo. É isso o que aquelas pessoas que elogiam o tirano que chegou ao poder por meio de assassinato e fraude**" (ARENDT 2004, 155).

Das convenções retira-se que o fenómeno terrorista, a par do fenómeno da criminalidade organizada transnacional, é um fenómeno veloz na acção e no resultado e exige um elevado financiamento: emergente da criminalidade de massa e da criminalidade altamente organizada e especializada [v. g., furto e transformação de veículos, roubo, tráfico de droga, tráfico de seres humanos, exploração sexual de mulheres e de crianças, tráfico de armas, corrupção, branqueamento de capitais e manipulação do mercado financeiro]. Esta realidade criminógena e quantas vezes política demonstra a fraqueza dos estados na prevenção e repressão da criminalidade organizada transnacional, em especial do terrorismo, e, consequentemente, gera a ideia da criação de um espaço judicial regional (europeu) ou internacional e, como já temos defendido, um Direito penal europeu e um Direito penal internacional subordinado a uma jurisdição supranacional[18].

5. Todos os Códigos Penais dos Estados de direito e democráticos contemplavam como crime o terrorismo: organização terrorista e actos terroristas[19]. A problemática acentua-se quando se pretende qualificar uma conduta humana como crime de terrorismo[20] no âmbito da cooperação

---

[18] No sentido de que existem bens jurídicos supranacionais que exigem uma tutela, também, supranacional, CLAUS ROXIN, "La Ciencia del derecho Penal ante las Tareas del Futuro", in La Ciencia del Derecho penal ante le Nuevo Milenio, (Coord. de Espanha FRANCISCO MUÑOZ CONDE e Trad. de CARMEN GÓMEZ RIVERO), Valencia: Tirant lo Blanch, 2004, pp. 401-406.

[19] Cfr. os artigos 300.º e 301.º do CP revogados pela Lei n.º 52/2003, de 22 de Agosto, que implementou a Decisão Quadro n.º 2002/475/JAI, do Conselho, de 14 de Junho, relativa à prevenção e repressão do terrorismo, e que cria novos tipos legais de crime: *outras organizações terroristas* e *terrorismo internacional*.

[20] A dificuldade parte, desde logo, como afirma E. RAÚL ZAFFARONI, da nebolisidade expressa no conceito de terrorismo, pelo que considera que os actos de 11 de Setembro

judiciária internacional e europeia em matéria penal. O refúgio do Estado requerido para não cooperar na perseguição criminal centra(va)-se na qualificação da conduta, motivo do mandado de extradição ou de outra diligência processual penal, como acção política ou de teor político (ou ideológico religioso). Este escape permitia e permite que alguns estados não cooperem e violem o princípio de Hugo Grotius – *aut dedere aut judicare, aut dedere aut punire*[21] –, semente do *princípio da competência universal do Direito penal*[22]: há crimes que, pela sua ignomínia e hediondosidade, não podem alguma vez ficar impunes sob pena de delação da condição humana.

Não é inocente que só com as Convenções Europeias de Bruxelas de 1995 relativa ao processo de Simplificação do Processo de Extradição e, mais precisamente, a Convenção de Dublin de 1996 relativa à Extradição entre os Estados-membros da União Europeia, que têm como escopo a celeridade processual de extradição de pessoas procuradas para procedimento criminal ou para cumprimento de pena ou medida de segurança privativa da liberdade no espaço da União Europeia, os Estados-membros afastaram a possibilidade do Estado-membro executor do mandado de extradição (poder) negar provimento à execução ao mandado com fundamento do mandado de extradição se fundar em razões políticas ou ideológico-político-religiosas quando o crime subjacente ao mandado de extradição se enquadrasse na tipologia criminal terrorismo.

A Convenção de Bruxelas não só **institui o princípio do consentimento como pedra forte de simplificação do processo de extradição**

---

de 2001 e os de 11 de Março de 2004 são *crimes de destruição maciça e indiscriminada*. O conceito de terrorismo é um conceito da comunicação massiça e não um conceito técnico (jurídico). Cfr. Eugénio Raúl Zaffaroni, *O Inimigo no Direito Penal*, (Tradução de Sérgio Lamarão), Rio de Janeiro: Editora Revan, 2007, pp. 16-17, nota 13.

[21] Este princípio significa que o Estado (requerido) deve "ou entregar ou julgar, ou entregar ou punir" o infractor. Este princípio está consagrado na Convenção de Genebra (CG) quanto à responsabilidade criminal individual pela prática de infracções graves, conforme artigos 49.º da CG-I, 50.º da CG-II, 129.º da CG-III e 146.º da CG-IV. Quanto e este assunto, Kai Ambos, *A Parte Geral do Direito Penal Internacional. Bases para uma elaboração dogmática*, (Tradução de Carlos E. Japiassú e Daniel Raizman), São Paulo: Revista dos Tribunais, 2008, pp. 116-117.

[22] Quanto ao *princípio da competência universal do Direito penal*, o nosso *Do Mandado de Detenção Europeu*, Coimbra: Almedina, 2006, pp. 23-29 (p. 26, n. 25 e 26) e Mereille Delmas-Marty, "O Direito Penal como Ética da Mundialização", *in Revista Portuguesa de Ciências Criminais* (RPCC), Coimbra: Coimbra Editora, Ano 14, n.º 3, Julho-Setembro de 2004, p. 298.

– o ónus de procedimento da extradição recai sobre a pessoa procurada –, como **limita o princípio da especialidade** ao colocar nas mãos do Estado-membro a possibilidade de, no acto de depósito do instrumento de ratificação, de aceitação ou de adesão à Convenção, declarar a não aplicabilidade das regras da especialidade se a pessoa procurada consentir na extraditação ou, consentindo na extradição, renunciar ao benefício das regras da especialidade[23]. A Convenção de Bruxelas promove uma desjudiciarização e desjudicialização da cooperação judiciária europeia em matéria penal e, como a história tem demonstrado, a queda de garantias e de controlo judicial gera uma justiça penal securitária e justicialista e promissora da degradação do valor do ser humano. Esta cooperação judiciária internacional ou europeia em matéria penal detractora dos direitos, liberdades e garantias fundamentais gera uma justiça deficitária em legitimidade normativa e sociológica.

6. A Convenção de Dublin, com o intuito de promover celeridade processual na cooperação judiciária europeia em matéria penal no quadro da extradição, **limita a hermenêutica jurídica** da autoridade judiciária competente do Estado-membro requerido que deixa de poder considerar as infracções em que se funda o pedido de extradição como delitos de motivação política – delito político, conexo ou de inspiração política –, ou seja, os Estados-membros deixam de poder recorrer à válvula de escape de delito político para não executarem a extradição[24].

Esta alteração tem como fim eliminar a possibilidade de existirem Estados-membros protectores de terroristas: eliminação de "santuários" ou "terras do nunca" no espaço europeu. Concordamos com esta alteração e oneração aos Estados-membros que, em alguns dos casos mais polémicos, as autoridades políticas e algumas vezes autoridades judiciais consideram que o crime motivador do pedido era um delito político ou de inspiração política: não compreendemos como se pode considerar que

---

[23] Cfr. art. 9.º da Convenção de Bruxelas relativa ao processo de Simplificação de Extradição entre os Estados-membros da União Europeia, estabelecida ao abrigo do art. K.3 do Tratado da União Europeia, a 10 de Março de 1995. Quanto à regra da especialidade numa direcção de garantia e protecção da pessoa visada com o requerimento de cooperação (mandado), o nosso *Do Mandado de Detenção...*, pp. 156-157.

[24] Cfr. art. 5.º, n.º 1 da Convenção de Dublin do Conselho da União Europeia, relativa à Extradição entre os Estados-membros, estabelecida ao abrigo do art. K.3 do Tratado da União Europeia, a 27 de Setembro de 1996. Quanto a este assunto, o nosso *Do Mandado de Detenção...*, p. 157.

crimes de homicídio, de roubo, de extorsão, de sequestro, de rapto de inocentes praticados por membros das organizações terroristas possam enquadrar um crime político ou de inspiração política.

A Convenção de Dublin acrescentou, de entre outras, uma mutação que originou revisões constitucionais nos Estados-membros: a eliminação da regra de não extradição de nacionais[25]. A regra da não extradição de nacionais limitava a prevenção e a perseguição de pessoas suspeitas de actuarem como membros de organizações terroristas. Mas, ao abrigo do n.º 2 do art. 7.º da Convenção de Dublin, "qualquer Estado-membro pode declarar que não autoriza a extradição dos seus nacionais ou que autorizará em certas condições". Este preceito não elimina a não extradição de nacionais, mas também não limita jus internacionalmente a sua extradição.

Portugal declarou que apenas autorizava a extradição de cidadãos portugueses do território nacional nas condições previstas na Constituição[26]: se o crime motivo do pedido de extradição for terrorismo (entenda-se tipologia terrorismo) e criminalidade internacional organizada; e nos casos da acção penal – procedimento penal – contra o cidadão português, sob garantia de devolução da pessoa extraditada para cumprimento da pena ou da medida de segurança privativa da liberdade em Portugal[27].

Acresce a estas mutações no quadro da extradição a quase extinção do princípio da dupla incriminação para factos criminosos qualificados de conspiração ou de associações criminosas, desde que a pena ou medida de segurança em abstracto não seja inferior a 12 meses, especialmente se a conspiração tiver como escopo a prática de actos terroristas[28]. A par da diminuição da garantia da dupla incriminação, os Estados-membros contratualizaram que se presume o consentimento do Estado-membro ao conceder a extradição e a diminuição do princípio da especialidade[29]. Estes princípios de cooperação judiciária europeia em matéria

---

[25] Cfr. n.º 1 do art. 7.º da Convenção. Quanto a este assunto, o nosso *Do Mandado de Detenção...*, p. 158 e pp. 153-155.

[26] Cfr. art. 33.º da CRP.

[27] Quanto a este assunto ver a declaração de Portugal em ANABELA MIRANDA RODRIGUES e JOSÉ LOPES DA MOTA, *Para uma Política Criminal Europeia. Quadro e Instrumentos Jurídicos da Cooperação Judiciária em matéria Penal no Espaço da União Europeia*, Coimbra: Coimbra Editora, 2002, p. 272. Quanto a uma análise dogmática sobre este assunto, o nosso *Mandado de Detenção...*, pp. 153-154 e JOSÉ MANUEL DAMIÃO DA CUNHA, *Constituição da República Anotada* – Anotação ao artigo 33.º – Tomo I, (Coord. JORGE MIRANDA e RUI MEDEIROS), Coimbra: Coimbra Editora, 2005, p. 368.

[28] Cfr. al. *a*) do n.º 1 do art. 3.º da Convenção de Dublin.

[29] Cfr. artigos 10.º e 11.º da Convenção de Dublin.

penal no âmbito da extradição foram consagrados pela Convenção Europeia de Extradição, assinada em Paris, a 13 de Dezembro de 1957, mantiveram-se inalterados até finais do século XX e desaparecem com o início do século XXI.

Estas mutações no quadro da extradição a nível do espaço europeu estendem-se a outros níveis de cooperação processual penal e, como consequência, assiste-se a um agravamento da erosão dos direitos, liberdades e garantias processuais fundamentais pessoais no campo da prevenção e da repressão do terrorismo. Deixou de ser um acto luxuoso revolucionário e passou a ser, na verdade e na efectividade cruel da vida, um acto comum cuja vítima é indeterminada, ilegível e indiscriminada.

7. Relembramos as palavras racionais e consabidamente escritas de NORBERTO BOBBIO: a "lógica do estado de guerra tem como extremo corolário o terrorismo, ou seja, por outras palavras, a morte dos inocentes" (BOBBIO 1999, 102). Acrescentamos com BOBBIO que "o morticínio de Piazza Fontana, o atentado ao trem Italicus, o morticínio da Piazza della Loggia em Brescia" são actos terroristas e não se podem esconder sob o alpendre de uma ideia revolucionária e de libertação do poder despótico (BOBBIO 1999, 102).

Mas, BOBBIO crítica a actuação do Estado de Direito (e democrático) na prevenção e luta contra a violência terrorista: "um Estado que se diz democrático não pode nunca considerar-se em guerra com os seus cidadãos" (BOBBIO 1999, 99). Há limites que o Estado de Direito (e democrático) não pode alguma vez derrubar sob pena de se auto injustificar perante os cidadãos que nele depositam a legitimidade normativa constitucional e sociológica para os representar e agir criminalmente em seu nome[30].

O alerta e o conselho de um dos maiores pensadores do século XX, BOBBIO, não está a ser seguido por quem tem o direito e o dever de dirigir os destinos da União Europeia e, por isso, receamos que não integremos mas expulsemos os indesejáveis[31] e façamos nascer novos ódios e novos olhares bélicos que encontram na lei atroz e totalitária a justificação para a implementação de um novo «reino de violência».

---

[30] É este o ditame primacial do art. 202.º, n.º 1 da CRP.
[31] Como se estivéssemos a expulsar dos cafés aqueles que não renovam a bebida, porque "Ninguém redige tomos fenomenológicos à mesa de um bar americano". Cfr. GEORGE STEINER, *A Ideia de Europa*, (Tradução de MARIA DE FÁTIMA ST. AUBYN), Lisboa: Gradiva, 2005, p. 27.

Cooperação e coadjuvação judiciária

8. A violência não justificada – não existem fins que justifiquem o sangue inocente humano – obrigou a União Europeia a afirmar como desiderato fulcral não só admitir como pilar crucial ao crescimento económico e adequado ao exercício da liberdade de circulação de pessoas, de bens, de capitais e de serviços, mas como forma de cimentar uma verdadeira cidadania europeia, a criação de um espaço livre, justo e seguro[32]. Maastricht é um marco no crescimento e na afirmação de uma Europa subordinada à ideia de União com a assinatura do Tratado da União Europeia que se aperfeiçoou em Amesterdão, em Nice e ganha alento com o Tratado de Lisboa.

> Os valores do respeito pela **dignidade humana**, da **liberdade**, da **democracia**, da **igualdade**, do **Estado de Direito** e o **respeito pelos Direitos dos cidadãos** só vingarão numa União com **paz e bem-estar dos cidadãos** localizados num **espaço de liberdade, de segurança e de justiça** sem fronteiras internas[33].

Podemos, contudo, afirmar que a Europa não adormeceu na prevenção e na repressão ao terrorismo. No campo jurídico e político não ficou totalmente refém da ONU. O Conselho da Europa, cujo escopo é a realização da «união estreita entre os seus membros», consciente de que pairava uma «crescente inquietação causada pela multiplicação dos actos de terrorismo», aprovou, em Estrasburgo, a 27 de Janeiro de 1977, a Convenção Europeia para a Repressão do Terrorismo[34].

Esta Convenção adopta como censuráveis e antijurídicos os actos que convenções da ONU já tinham previsto, mas sem uma obrigação legal de cooperar – extraditar – indivíduos perseguidos criminalmente por crimes de terrorismo. É **uma Convenção típica da era da *guerra-fria*** e característica dos blocos opostos: NATO e Pacto de Varsóvia. **Não é uma Convenção de uma Europa livre: liberdade de pensar, de decidir e de agir dos Estados.** É uma Convenção de uma **Europa dotada de uma**

---

[32] Cfr. o original inciso IV do art. 2.º da TUE e o actual n.º 2 do art. 2.º do TUE adoptado pelo Tratado de Lisboa.

[33] Cfr. artigos 1.º e 2.º, n.ºs 1 e 2 do TUE adoptado pelo Tratado de Lisboa.

[34] A Convenção foi aprovada para ratificação pela Lei n.º 19/81, de 18 de Agosto. O Aviso DR 59/82, I Série, de 12 de Março de 1982, e o Aviso DR 246/82, I Série, de 23 de Outubro de 1982, tornam público o depósito do instrumento de ratificação.

liberdade condicionada a uma multiplicidade de factores: políticos, económicos, sociais, religiosos, educativos e ideológicos. É uma Convenção dos Estados soberanos ou aparentemente soberanos[35].

9. A Convenção, ao estipular a fórmula verbal «pode não considerar» no n.º 1 do art. 2.º, não vincula o Estado contratante a não considerar como crime político, conexo ou de inspiração política actos graves que lesem ou coloquem em perigo de lesão bens jurídicos pessoais fundamentais: vida, integridade física e liberdade das pessoas. Reina a "imaculada" válvula de escape de se considerar que tais actos sejam típicos de um crime político – legitima-se a violência revolucionária de índole terrorista – ou que sejam a manifestação de conexão ou inspiração política – legitima-se a violência «libertária» e, consequentemente, repressiva estatal.

Acresce a este voto de derrota das boas intenções de uma Europa sob o guião da «união estreita» ou do apaziguamento das inquietações reinantes originadas nos actos terroristas, a não obrigatoriedade de os Estados contratantes extraditarem um cidadão terrorista ou membro de uma organização terrorista, restando tão só (e já foi um grande avanço) a obrigação de o submeter à acção penal própria da sua jurisdição[36]. Vence, neste campo, o princípio da competência universal do Direito penal: *aut dedere aut judicare*.

A Convenção de Estrasburgo consagra o **princípio da entreajuda judiciária alargada**[37] em matéria penal entre os Estados contratantes no quadro da prevenção e repressão das infracções terroristas ou conexas com o crime terrorismo e, em simultâneo, o **princípio do respeito pela soberania jurídico-processual penal do Estado requerido**: o Direito a aplicar na cooperação entre os Estados contratantes é o Direito do Estado requerido[38]. Nesta linha e receando *a priori* a recusa de entreajuda judiciária por parte de Estados que consideram as infracções descritas no art. 1.º da Convenção de Estrasburgo como actos políticos, conexos ou de inspiração política, contratualizou-se que a recusa da ajuda judiciária não podia ter como único motivo a assumpção de que a infracção perseguida

---

[35] É preciso não esquecer que a Convenção de Estrasburgo aparece após os atentados dos jogos Olímpicos de Munique, em 1972, que vitimaram a delegação olímpica de Israel.
[36] Cfr. art. 7.º da Convenção de Estrasburgo.
[37] Cfr. 1.ª parte do n.º 1 do art. 8.º da Convenção de Estrasburgo.
[38] Cfr. 2.ª parte do n.º 1 do art. 8.º da Convenção de Estrasburgo.

(e não o agente) é uma infracção política ou uma infracção conexa à infracção política ou uma infracção inspirada num móbil político[39]. Mas, esta limitação terá de ser interpretada em conjunto com o n.º 2 do art. 8.º e com o art. 5.º da Convenção de Estrasburgo. O Estado contratante requerido pode recusar a entreajuda judiciária – em especial executar a extradição – se considerar que o Estado contratante requerente não está a perseguir criminalmente aquela pessoa por ter praticado uma acção criminosa terrorista ou conexa ao terrorismo, mas para perseguir e punir aquela pessoa por razões de raça, de religião, de nacionalidade ou de opiniões políticas ou que, por esta ou outras razões a si enleadas, pode ver a sua condição de arguido agravada. A Convenção de Estrasburgo obedece ao **primado da cláusula da não descriminação** que onera os Estados contratantes a uma não cooperação judiciária (e policial) se o móbil do pedido de cooperação na prevenção e repressão do terrorismo se prender com razões de identidade pessoal ou de Direitos fundamentais pessoais[40].

10. Podemos apontar como marco jurídico de imposição de uma cooperação judiciária em todos os campos e não apenas no do terrorismo, mas que inclui este, a Convenção Europeia Relativa ao Auxílio Judiciário Mútuo em Matéria Penal entre os Estados-membros da União Europeia (CEAJMMP), de Bruxelas, aprovada a 29 de Maio de 2000. A CEAJMMP//2000 foi aprovada sob a égide dos princípios da celeridade e da eficácia, da compatibilidade e respeito pelos princípios fundamentais da legislação e do respeito pelos direitos e liberdades individuais consagrados na CEDH.

A CEAJMMP apresenta, ainda, como desiderato complementar a Convenção Europeia de Auxílio Judiciário Mútuo em Matéria Penal de Estrasburgo, aprovada a 20 de Abril de 1959 pelo Conselho da Europa, cujo escopo se enraíza na ideia de «realizar uma união mais estreita entre" os Estados membros do Conselho, sem que se olvidasse que a cooperação judiciária europeia em matéria penal entre os Estados do Conselho da Europa é essencial para a materialização da Convenção relativa à Extradição. Não obstante os Estados contratantes assinarem a

---

[39] Cfr. 3.ª parte do n.º 1 do art. 8.º da Convenção de Estrasburgo.

[40] Quanto à cláusula da não descriminação como garante e tutela dos direitos e liberdades fundamentais processuais penais, o nosso *Do Mandado de Detenção...*, pp. 320-329 e toda a bibliografia aí apresentada, sendo de destacar ANABELA MIRANDA RODRIGUES, "O Mandado de Detenção Europeu", in *RPCC*, Coimbra: Coimbra Editora, Ano 13, n.º 1, 2003, pp. 46-48.

concessão mútua do mais amplo auxílio judiciário possível, afastam a aplicação da Convenção no âmbito das decisões de detenção e de condenação e das infracções militares que não sejam delito comum[41].

Acresce, desde logo, que a Convenção de Auxílio Judiciário Mútuo de 1959, enraizada à ideia de soberania penal dos Estados e de salvaguarda de actos justificáveis face ao poder ocupante, afastou a aplicabilidade dos institutos de cooperação – *v. g.*, cartas rogatórias para efectuar a audição de testemunhas, buscas, apreensões de bens; entrega de documentos relativos a actos processuais e de decisões judiciais; informação de registo criminal; denúncia para instauração de processo-crime; partilha de informações sobre condenações –, fundamentais para a investigação criminal e sucesso da acção penal, às infracções políticas ou conexas ou de inspiração política[42]. Os Estados utilizavam esta válvula de escape para não dar provimento à cooperação judiciária penal europeia e internacional no âmbito do terrorismo.

A CEAJMMP/2000 ansiava simplificar e acelerar a cooperação judiciária em matéria penal entre as autoridades judiciárias, mas não foi sucedida com o êxito esperado. Passados vários anos, apenas Portugal[43], Espanha e Itália tinham aprovado e ratificado a CEAJMMP/2000. A CEAJMMP/2000 aplica(va)-se a processos crime instaurados pelas autoridades judiciárias e pelas autoridades policiais competentes e destinava-se a proceder ao *envio e notificação de peças processuais*, à *partilha de informações criminais*, à *transferência temporária de pessoas detidas para fins de investigação*, à *audição de testemunhas, peritos, arguidos por videoconferência ou conferência telefónica, entregas vigiadas,* à criação e operatividade de *equipas de investigação conjuntas,* à implementação de *investigações encobertas*[44], à realização de *intercepção de telecomunicações.*

---

[41] Cfr. art. 1.º da Convenção Europeia de Auxílio Judiciário Mútuo em Matéria Penal de Estrasburgo (1959).

[42] Cfr. art. 2.º da Convenção Europeia de Auxílio Judiciário Mútuo em Matéria Penal de Estrasburgo (1959). Acresce que a cooperação judiciária em matéria penal também não se aplicava às infracções fiscais.

[43] Portugal aprovou para ratificação a CEAJMMP/2000 pela Resolução da Assembleia da República n.º 63/2001, de 16 de Outubro de 2001, e ratificou-a pelo Decreto do Presidente da República n.º 53/2001, de 16 de Outubro de 2001.

[44] Deve-se entender por «investigações encobertas» as investigações com agentes infiltrados. A doutrina portuguesa fala em investigações encobertas, em investigações infiltradas e em investigações provocadas. O nosso ordenamento jurídico e todo o ordenamento jurídico assente nos valores, primados e princípios da CEDH não admitem as

Estes institutos de cooperação judiciária aplicar-se-iam a todo e a qualquer tipo legal de crime e, muito em especial, ao lote dos crimes previstos no art. 29.º do TUE: terrorismo, tráfico de seres humanos, de droga, de armas, exploração sexual de mulheres e crianças, corrupção, branqueamento de bens, criminalidade violenta e altamente especializada[45].

O terrorismo é um dos crimes que ganha dimensão supranacional por meio da europeização e internacionalização da prevenção e repressão criminal dos actos criminosos despacializados e desterritorializados. **O terrorismo**, cujos efeitos negativos se sentem não apenas na segurança pública interna, mas estendem-se à segurança e paz públicas regional e internacional, **sinalagma a ideia de que a *segurança*[46] é um bem escasso** e de que **a *liberdade* não pode ser sacrificada a qualquer custo** sob pena de não vivermos como cidadãos, mas como escravos da nossa cognitividade securitária.

11. O sucesso da CEAJMMP/2000 não foi o almejado. Várias são as razões apontadas para o insucesso do seu escopo e de um instrumento jurídico essencial à materialização do desiderato do III Pilar do TUE: a criação do espaço penal europeu [livre, justo e seguro][47].

---

investigações provocadas: em que o elemento policial provoca o crime. Quanto ao regime jurídico do agente infiltrado, o nosso *Teoria Geral do Direito Policial*, 2.ª Edição, Coimbra: Almedina, 2009, pp. 401-432, Isabel Oneto, *O Agente Infiltrado*, Coimbra: Coimbra Editora, 2005, e Manuel Augusto Alves Meireis, *O Regime das provas Obtidas pelo Agente Provocador em Processo Penal*, Coimbra: Almedina, 1999.

[45] Âmbito criminal que se mantém e se ampliou com o Tratado de Lisboa, conforme se retira do 2.º parágrafo do art. 83.º do Tratado sobre o Funcionamento da União Europeia na versão consolidada.

[46] A segurança não só é um bem escasso, como é um conceito mutável e em construção constante. Neste sentido e no de ser um conceito em constante mutação e uma visão sobre a evolução do conceito até à construção «conceptual» de segurança humana passando pela problematização da securativização arreigada à soberania, Ana Paula Brandão, "Segurança: um conceito contestado em debate", in *Informações e Segurança*, (Coordenação de Adriano Moreira), Lisboa: Prefácio, 2003, pp. 37-53: "O estudo do conceito de segurança como um conceito socialmente construído, da segurança como um fenómeno inter-subjectivo e não como uma condição objectiva, do discurso de segurança, da importância da identidade com base na diferença e na fronteira na construção das ameaças, são algumas das propostas de investigação que abrem novas rotas na reformulação do conceito" (p. 49).

[47] Na reunião do Grupo de Trabalho sobre a Liberdade, Segurança e Justiça (Grupo X), a 8 de Outubro de 2002, foram auscultados três peritos – Prof. Doutor Henri Labayle, Profa. Doutora Christine van den Wyngaet e o Director Gilles de Kerchove. Henri Labayle apontou três grandes defeitos quanto aos instrumentos e procedimentos do Espaço

A par dos princípios da *dupla incriminação* das infracções criminais perseguidas no quadro da cooperação judiciária europeia, do princípio da *não extradição de cidadãos nacionais*, do princípio da *reciprocidade muito em especial quanto à regra da especialidade* – princípio este que mais não era utilizado que não fosse para negociação política em casos concretos e não para tutela efectiva dos direitos e liberdades fundamentais do cidadão a extraditar – e do princípio da soberania penal material e processual, ou seja, da soberania de jurisdição penal, podemos apontar duas ordens de razão prática que fragilizaram (e evitaram) a implementação de uma cooperação judiciária europeia em matéria penal efectiva.

---

de Liberdade, Segurança e Justiça: **incoerência do sistema** [a construção da União em Pilares; a variabilidade das obrigações jurídicas emergente da desigualdade da adesão e implementação dos instrumentos jurídicos da União; a não transversalidade entre os pilares ou a recusa da transversalidade; e as carências institucionais quanto à legitimidade do Parlamento Europeu de agir activamente na interlocução e elaboração dos instrumentos, quanto à iniciativa e controlo da Comissão e quanto à complexidade do papel do Conselho Europeu e dos Estados-membros]; **falta de visão política** [imprecisões conceituais, como «medidas»; o arsenal jurídico para o III Pilar; falta de clareza nas opções e prioridades políticas no recurso aos instrumentos jurídicos]; e **falta de eficácia** [a natureza dos instrumentos jurídicos utilizados pela União demonstra-se na recusa ou relutância dos Estados-membros em assumir compromissos jurídicos vinculativos; o bloqueio processual de aprovação dos instrumentos jurídicos: Comissão/Estados-membros e Conselho; controlo fraco da aplicação e controlo jurisdicional insuficiente dos actos jurídicos]. CHRISTINE VAN DEN WYNGAET acrescentou que existe uma **multiplicidade de actores institucionais europeus** em matéria penal, gerando sobreposições e duplicações [OLAF, Europol, Eurojust, Rede Judiciária Europeia, Magistrados de Ligação], que há um **deficit de legitimidade democrática** em matéria penal no processo legislativo da União, assim como **ausência de codificação** das infracções criminais abrangidas pelo TCE e pelo TUE e a **inexistência de um sistema vertical de aplicação da lei** [aponta para a criação do Procurador-geral Europeu e de uma câmara que controlasse judiciariamente a nível europeu as investigações nacionais das tipologias criminais do TCE e do TUE]. GILLES DE KERCHOVE apontou quatro grandes dificuldades no quadro da implementação de um verdadeiro ELSJ: **efectividade** [não obstante a mutação produzida nas tipologias e nos procedimentos a nível europeu, os Estados-membros atrasam a sua implementação]; **eficácia** [a regra da unanimidade retira qualquer eficácia nos processos de negociação e decisão]; **complexidade** [a necessária transversalidade dos Pilares em matéria penal gera a problemática da escolha da base jurídica apropriada à União]; e **responsabilidade ("accountability")** [o controlo jurisdicional e do Parlamento Europeu que aparece após o acordo unânime do Conselho não é o modelo de responsabilidade jurídica e política mais adequado]. Cfr. Convenção Europeia – CONV 346/02, WG X 8, Bruxelas, 16 de Outubro de 2002 (30.10), consultado em *http://register.consilium.eu.int/*, no dia 21 de Dezembro de 2004.

A primeira prende-se com o Direito regente do auxílio judiciário mútuo no espaço europeu. O Direito a aplicar pelas autoridades judiciárias e policiais do Estado requerido na execução de um mandado ou de uma carta rogatória emitido pelo Estado requerente era o Direito do Estado requerente[48], o que levantava algumas dúvidas de conformidade constitucional da diligência requerida/solicitada.

A segunda razão prende-se com a politização da cooperação judiciária mútua europeia (e internacional) em matéria penal. A intervenção política ou o designado duplo controlo – judiciário e político – gerava dois tipos de discurso e de diálogo incompatíveis ou dissonantes no tempo e nas opções político-criminais. Neste campo concreto, quando existia intervenção política/executiva no processo de auxílio judiciário mútuo, podemos falar não em cooperação judiciária, mas em coadjuvação judiciária e um processo com diálogos e tempos distintos: o da política e o da justiça. Diálogos e tempos que subordinados a finalidades e princípios bem distintos, em que o acto de terrorismo é crime – porque estão preenchidos os elementos objectivos e subjectivos dos tipos legais de crime de terrorismo, p. e p. pela Lei n.º 52/2003, de 22 de Agosto[49] – para o diálogo judicial, mas para o diálogo político podia ser um acto político ou conexo ou de inspiração política.

A politização da justiça e a judiciarização da política nunca levaram os Homens a "bom porto". O fenómeno do terrorismo é, sem dúvida, um fenómeno político e de consequências políticas[50], mas os actos terroristas (criação, organização, direcção, operativos e executivos) são, essencialmente, um fenómeno jurídico-criminal e, neste sentido, um fenómeno do mundo judiciário: da justiça.

---

[48] Cfr. art. 4.º da CEAJMMP/2000.

[49] A Lei n.º 52/2003, de 22 de Agosto, transpôs para a ordem jurídica nacional a Decisão-Quadro n.º 2002/475/JAI, do Conselho, de 13 de Junho e estipula os tipos legais de organização terrorista, terrorismo, outras organizações terroristas e terrorismo internacional.

[50] Como exemplo desta asserção, podemos indicar três acontecimentos terroristas que tiveram consequências políticas no campo das eleições.

O 11 de Março de 2004 influenciou a tendência de voto em Espanha: as sondagens davam vitória ao Partido Popular (PP) e, por inaptidão e incorrecção de comunicação do atentado de Atocha por parte do partido do Governo (PP) ou por os cidadãos espanhóis sentirem que estavam a sofrer as consequências da cimeira dos Açores, em que Espanha, Inglaterra e Portugal deram apoio aos Estados Unidos da América na invasão do Iraque, o Partido Socialista Espanhol (PSOE) acabou por ganhar as eleições.

O atentado de Rawalpindi, a 27 de Dezembro de 2007, no Paquistão, que vitimou a candidata BENAZIR BHUTTO, assim como todos os atentados contra os opositores do

O 11 de Setembro de 2001 como lesão da paz jurídica mundial: a afirmação de um Direito processual penal europeu (internacional) belicista ou de segurança nacional

12. O terrorismo só deflagrou na consciência política interna e internacional dos Estados como um fenómeno criminal regional e transnacional quando os actores de actos hediondos decidiram lesar ou colocar em perigo de lesão bens jurídicos [vida, integridade física e liberdade] de vítimas indeterminadas e invisíveis cujo voto elege e dá o poder formal político. Este argumento encontra eco no atentado terrorista de Munique, no ataque terrorista do Líbano e, muito especialmente, no atentado das torres gémeas de Nova Iorque de 1993. Mas, a verdadeira consciencialização afirma-se com o 11 de Setembro de 2001, com o 11 de Março em 2004 e o 7 de Julho de 2005.

> Não olvidamos os ataques terroristas à embaixada dos Estados Unidos da América no Sudão, os ataques terroristas que percorreram a Europa nas décadas de 70, de 80 e 90 do séc. XX, nem os ataques terroristas islâmicos pontualizados no Egipto, no Paquistão, em Israel, na Indonésia, em Marrocos e na Arábia Saudita. Estes atentados terroristas de índole separatista, de índole revolucionária anarquista e de índole religiosa (Al-Qaeda) foram pensados, decididos e executados de forma pontual com alvos específicos: militares, polícias, políticos, dissidentes, clérigos, turistas de um determinado Estado (etc.). Mas, nenhum tinha como vítima a ideia de vítima indeterminada e invisível e, por isso, gerador de um terror germinador de uma insegurança pública cognitiva esquizofrénica e paneónica.

A ideia de gerar no globo terrestre e na Europa a vítima indeterminada e invisível – qualquer ser humano pode ser vítima – é vivida com o ataque às torres gémeas: símbolo do poder ocidental, mas acima de tudo símbolo de representatividade de todos os Estados. O ataque às torres

---

regime do todo poderoso General Musharraf, geraram consequências políticas externas ou internacionais quanto à política do Governo de militares imposto por Musharraf e internas: perdeu o poder para Asif Ali Zardari, marido de Benazir bhutto e actual presidente do Paquistão.

Os argumentos de «luta» e «guerra» contra o terrorismo de George W. Bush, cujas ardilosas considerações (conspirações da indústria bélica americana, denunciadas por muitos americanos, dos quais se destaca o famoso "pensador" Noam Chomsky) se confirmaram quanto ao Iraque e às prisões ilegais e degradantes de Guantamano, conduziram o partido Republicano a uma humilhante derrota para uma estrondosa vitória do partido Democrata de Barak Obama.

gémeas não foi só um ataque ao poder económico. Foi, na nossa opinião, uma ataque a todos os 'infiéis', a todos os povos da terra. A reacção imediata foi um ataque ao povo islâmico e à edificação da perseguição não do facto, mas do possível agente do crime: os talibãs ou os seguidores de OSAMA BIN LADEN[51]. Os defensores do Direito ou do Estado de Direito e democrático, como escrevera BOBBIO, reagem como os terroristas:

> "Se é verdade que ele foi morto quando podia ser preso, não se trata mais de um ato de guerra, no verdadeiro sentido da palavra – porque a guerra entre Estados soberanos tem também seu Direito, embora pouco respeitado –, mas de um verdadeiro ato de guerra civil, daquele tipo de guerra em que a única lei é a da força" (BOBBIO 1999, 99). Um Estado de direito ou os defensores do Estado de direito fundam as suas decisões e acções no princípio da legalidade, age sempre contra um suspeito objectivo e não um qualquer suspeito, age dentro dos ditames do princípio da proibição do excesso e da proporcionalidade constitucional – a Constituição reconhece Direitos inalienáveis do indivíduo – e age, com a força adequada e necessária, só contra o suspeito e não contra uma pessoa em abstracto, um anónimo, um colectivo[52].

Esta consciência do actor político, do actor executivo e do actor legislativo, gera uma reacção belicista, securitária e justicialista a todos os níveis e justificadora de toda e qualquer restrição ou limitação desproporcional dos direitos e liberdades fundamentais pessoais. O recurso à guerra para prevenir e combater o terrorismo ou o recurso a um

---

[51] A 'prevenção' ou a luta contra o terrorismo germinou a ideia de que a actuação dos operadores de segurança e de justiça deve partir do pressuposto de eliminação do perigoso a qualquer custo: mesmo que para eliminar a ameaça se recorra à guerra. Esta foi a opção americana que transformou o terrorista num inimigo que deve ser aniquilado ou eliminado e não preso. Opção que demonstra as grandes fraquezas e que mais não serve senão os Senhores da industria bélica que condenam à morte milhares de jovens soldados. Se o terrorismo é um crime, deve-se utilizar os meios formais de prevenção e responsabilização criminal – política criminal de prevenção criminal ampla e estrita (Direito penal e processual penal) – e não os blindados e os F16. Se o terrorismo é um acto de guerra, então toda a guerra terá de estar subordinada à Convenção de Genebra e os prisioneiros têm de ser tratados como prisioneiros de guerra. Esta junção do Direito penal e dos meios bélicos subjacente à ideia de que o terrorista (o talibã) é um inimigo perigoso germina um Direito penal schmittiano ou lockeano.

[52] Nesta linha de pensamento, o nosso "Terrorismo – Fundamento de Restrição Direito?", in Terrorismo, (Coordenação de ADRIANO MOREIRA), 2.ª Edição, Coimbra: Almedina, 2005, pp. 419-457 [1.ª Edição, pp. 377-413] e NORBERTO BOBBIO, As Ideologias e o Poder..., pp. 100-103.

Patriot Act[53], cujos meios não interessam, mas sim os fins, aumenta o nível de violência, aumenta o número de aderentes à causa e aumenta as receitas e as formas de financiamento do terrorismo.

O *Patriot Act* do estadunidense constrói-se na nihilificação e «coisificação» do Homem: cancelamento do instituto do *habeas corpus* para os cidadãos não americanos; privação da liberdade por tempo indeterminado sem qualquer acusação formal; supressão das garantias processuais; criação de tribunais militares especiais; quebra de todas as garantias em matéria de intercepção de telecomunicações, revistas, buscas, detenções e outros meios obscuros de obtenção e de prova, admitindo-se a tortura como meio de descoberta da verdade. A tortura é física e psíquica. Estamos perante um instrumento jurídico que consubstancia uma carta schmittiana da perseguição criminal do terrorismo que preenche todos os quesitos de *crime contra a humanidade* (FERRAJOLI 2008, 237).

Uma prevenção e repressão deslegitimada normativa e sociologicamente, fora do quadro jurídico-constitucional-criminal nacional e, até mesmo, europeu ou transnacional, não é bom auspício para uma cooperação judiciária em matéria penal no quadro do terrorismo, assim como pode funcionar como motivo de justificar ou considerar que a perseguição não se prende com uma infracção de terrorismo, mas com uma infracção política, conexa ou inspirada em infracções políticas.

13. A prevenção e a perseguição ao terrorismo não podem alguma vez fundar-se na lógica do designado *Direito penal do inimigo* trazido à tona das discussões jurídico-dogmáticas por GÜNTHER JAKOBS e tão criticado pelos penalistas humanistas e garantistas. O abandono do Direito penal do facto ou anseio de implementação do Direito penal de autor, próprio dos regimes totalitários nazi e estalinista, ou de um Direito penal de segurança nacional, implementado na América latina, cujo colectivo prepondera sobre o individual e admite toda e qualquer restrição penal e processual penal, é, no espírito dogmático de ANABELA M. RODRIGUES, o "progresso ao «retrocesso»".

Abandonar a construção político-criminal de um equilíbrio entre a tutela de bens jurídicos dignos de tutela penal e da defesa do infractor

---

[53] Quanto a uma crítica científica e profunda aos métodos de investigação desenvolvidos e permitidos pelo *Patriot Act*, LUIGI FERRAJOLI, *Democracia y Garantismo*, (Edição de MIGUEL CARBONELL), Madrid: Editorial Trotta, 2008, pp. 234-243.

face à *potestas* do *ius puniendi* do Estado emergente no pós guerra mundial, em que o ser humano se afirma como membro activo da comunidade, e, como tal, não pode ser objectivado, é um erro de quem não tem consciência histórica. Quem não tem consciência histórica defende caminhos tortuosos do passado, mas mais requintados. Não defendemos nem comungamos da construção de uma cooperação judiciária em matéria penal em que o ser humano se transforma em coisa, em objecto.

>Recordamos aqui o alerta de JÜRGEN HABERMAS de que vivemos a criação de uma tecnologia como ciência sem princípios e valores e, por isso, deslizamos para um mundo em que nada resta que não seja a «autocoisificação» do Homem (HABERMAS 2006, 74). Se o Homem é uma coisa ou, como BOBBIO escreveu, "se os homens forem considerados como coisas, matá-los é um ruído, um objecto caído" (BOBBIO 1999, 113).

A nihilificação da herança democrática do Direito penal material e processual – a defesa e a garantia dos direitos humanos, em especial os Direitos fundamentais – não é a estrada que legitima e reconhece mérito sociológico da comunidade islâmica e muito menos jus normativo internacional e constitucional. A cooperação judiciária em matéria penal seja para que crime for deve ter em conta que há limites inultrapassáveis, mesmo quando falamos de terrorismo. A justiça, como escrevera com sabedoria tocquevilliana, tem como grande objectivo substituir o uso da violência (TOCQUEVILLE 2002, 180). A justiça não se compadece, face à DUDH e à CEDH e, ainda, à CDFUE, com uma cooperação judiciária em matéria penal – terrorismo – em que os vectores da eficácia e da legitimidade da política criminal não obedeçam aos primados da legalidade, da culpabilidade, da humanidade e da reinserção ou tratamento.

A legitimação da acção penal nacional e europeia (e internacional) no âmbito do terrorismo em que admitimos um maior reforço dos institutos investigatórios – *v. g.*, meios excepcionais de investigação criminal – só será concretizada se enraizar a restrição dos direitos e liberdades do terrorista não como um inimigo, mas como um cidadão que deve efectivamente ser responsabilizado pelo crime que cometeu. Tratar um terrorista como um inimigo, como uma coisa ou como um objecto de prova, sem direitos, liberdades e garantias processuais deslegitima qualquer acção cooperativa judiciária europeia e internacional em matéria penal.

14. O primado da eficácia como princípio reitor do Direito punitivo e da cooperação judiciária em matéria penal como se retira na consagração no espaço Europeu, desde Tempere, do *princípio do reconhecimento mútuo* das decisões judiciais e judiciárias no espaço europeu é o indício de que a perseguição criminal é necessária e deve ser pragmática: Cardiff foi o palco em que o princípio do reconhecimento mútuo das decisões judiciais (penais e processuais penais) ganha vida de modo que, em Tempere, é erigido como *pedra angular* da construção de um espaço europeu de elevado nível de liberdade, de segurança e justiça.

A primeira concretização do princípio do reconhecimento mútuo[54] no espaço penal europeu foi efectivada pela instituição do Mandado de Detenção Europeu: Decisão Quadro n.º 2002/584/JAI, do Conselho, de 13 de Junho, implementada em Portugal pela Lei n.º 65/2003, de 23 de Agosto. Como já escrevemos, em Cardiff, a União opta por uma construção do espaço de liberdade, de segurança e de justiça baseada na eficácia e pela segurança em detrimento de uma construção baseada na harmonização das normas materiais e processuais penais (VALENTE 2006, 66-67).

Os direitos e liberdades fundamentais devem ser o paradigma e nunca o estorvo da construção do espaço de elevado nível de liberdade, de segurança e de justiça. Esta certeza acompanha-nos em todo o campo da cooperação judiciária em matéria penal. O fundamento, a razão, o *munus* teleológico da cooperação judiciária europeia e internacional em matéria penal é, na nossa opinião, a defesa e garantia efectiva dos direitos do homem. Mas, estes são automaticamente o limite inultrapassável da cooperação, em especial se nos concentrarmos na cláusula de não descriminação[55].

Acompanha o pragmatismo do reconhecimento mútuo de qualquer decisão judicial a queda do princípio da dupla incriminação e o princípio da confiança mútua. Ao se afastar a possibilidade da autoridade judiciária de execução da decisão judicial material ou processual penal fiscalizar o mérito da decisão da autoridade judiciária de emissão e deixando-lhe pouco espaço de decisão quanto à execução – *p. e.*, causas de não execução obrigatória, causas de execução não obrigatórias ou execução sob condição de prestação de garantias por parte da autoridade judiciária de

---

[54] Quanto à evolução da afirmação do princípio do reconhecimento mútuo e o quase afastamento do princípio da harmonização, o nosso *Do Mandado de Detenção...*, pp. 19-119.

[55] Quanto à posição dogmática de que os directos e libertades fundamentais como fonte legitimadora e limite da cooperação judiciária internacional em matéria penal, o nosso "La cooperación procesal en materia penal en Portugal: la afirmación de los derechos humanos", *in IX Congreso de Cooperación Internacional en Materia Procesal*, Coordenação de LORENZO BUJOSA VADELL, (em fase de publicação).

emissão – é um limite estrondoso na função jurisdicional da «administração da justiça em nome do povo»[56].

O terrorismo – os actos terroristas da Al-Qaeda de 11 de Setembro de 2001 – não impulsionou a concretização do princípio do reconhecimento mútuo, que já estava na agenda política da União, mas acelerou a concretização do reconhecimento mútuo e, na nossa opinião, logo pela área mais sensível do Direito penal: liberdade individual.

A opção de abolição em quase toda a dimensão penal do princípio da dupla incriminação, excepto nas situações que impliquem a verificação do princípio da territorialidade do Direito penal, com fundamento no princípio da confiança mútua e o assumir da prioridade do princípio do reconhecimento mútuo, pedra angular do espaço penal europeu, foi uma opção securitária e justicialista, contrária aos valores e princípios da CEDH que a União tão profusamente proclama como valores fundantes do ideal da União.

Ao não se ter assumido aprofundar a harmonização material e processual penal foi um retrocesso na construção de um verdadeiro espaço penal e de segurança europeu. A manutenção de uma aparente soberania nacional e a promoção de uma cooperação judiciária em matéria penal – do terrorismo –, cujos resultados dependem do poder político de cada Estado-membro não foi a luz que se esperava para uma verdadeira prevenção e repressão da criminalidade grave e, em especial, do terrorismo.

15. As Decisões Quadro do Conselho são de índole securitária e justicialista: *v. g.*, a DQ do mandado de detenção europeu[57] e a DQ decisões de congelamento de bens e de provas[58]. Há uma diminuição das garantias processuais dos agentes da prática de crimes a par de uma quase milagrosa consagração do princípio da humanidade que se apresenta como causa obrigatória específica de não execução (ou uma supra causa de não execução obrigatória) da diligência ou do mandado. A cooperação judiciária em matéria penal ganha relevo com os actos terroristas na Europa: *v. g.*, a execução do mandado de detenção europeu do cidadão britânico detido pela polícia italiana por suspeita no envolvimento do atentado do

---

[56] Cfr. n.º 1 do art. 202.º da CRP.

[57] Decisão Quadro n.º 2002/584/JAI, do Conselho, de 13 de Junho de 2002. Cfr. JO L 190, de 18 de Julho de 2002.

[58] Decisão Quadro n.º 2003/577/JAI, do Conselho, de 22 de Julho de 2003. Cfr. JO L 196, de 2 de Agosto de 2003.

metro de Londres, a 7 de Julho de 2005; a decisão de execução do mandado de detenção dos membros da organização separatista basca (ETA) detidos em Portugal.

A EUROJUST dirigiu as reuniões de coordenação entre as procuradorias e investigadores criminais de cinco países no âmbito de uma investigação de "uma organização subversiva que actuava em conjunto com grupos ligados à Al-Qaeda, principalmente com o propósito de apoiar acções terroristas". As autoridades judiciárias e os investigadores criminais coordenados pela EUROJUST eram de Espanha, de França, do Reino Unido, da Alemanha e de Itália. Da reunião de coordenação ficou decidido que os procuradores de Itália e de Espanha encontrar-se-iam com as autoridades competentes da Argélia, por onde passava a célula da Al-Qaeda[59].

O terrorismo apresenta-se no espaço europeu (liberdade, segurança e justiça) como fonte de mutação e não como ideia de substituição do «reino de violência pelo reino de não violência» no quadro da cooperação judiciária em matéria penal. Contudo, receamos que o terrorismo tenha despertado a cooperação judiciária em matéria penal para uma perseguição do presumível terrorista agente de um facto criminoso – do etiquetado, do odor, da tez, do religioso islâmico – e não para a perseguição do facto criminoso «terrorismo» perpetrado por um cidadão. Receamos o regresso ao Direito penal de autor defendido por CARL SCHMITT, quanto aos judeus, aos ciganos e aos dissidentes do nacional socialismo (SCHMITT 2005).

Receamos que deixemos de desenvolver uma cooperação judiciária em matéria penal activa centrada na conduta negativa de um ser humano identificado e determinado e passemos a promover uma cooperação judiciária em matéria penal dirigida ao perigo abstracto ou ao inimigo declarado: *hostis judicatus*[60]. Agrava-se a cooperação delatora dos direitos humanos quando se resume a uma posição de silêncio face às detenções e investigações ilegais e tortuosas sobre supostos membros de redes ou células terroristas: *v. g.*, os voos secretos da CIA e Guantamano.

Receamos que a paneonomia do terrorismo gere uma «sacralização da segurança» e uma aniquilação da liberdade individual: princípio este

---

[59] Quanto a este assunto Relatório Anual de 2003 da EUROJUST, p. 25.

[60] Quanto ao *hostis judicatus* dos nossos dias – "ente perigoso ou daninho para a sociedade» –, EUGENIO RAÚL ZAFFARONI, *O Inimigo no Direito Penal*, (Tradução de SÉRGIO LAMARÃO), 2.ª Edição, Rio de Janeiro: Editora Revan, 2007, pp. 21-25. Quanto à ineficácia do Direito penal do inimigo na perseguição criminal do terrorismo, LUIGI FERRAJOLI, *Democracia y Garantismo*, pp. 243-247.

erigido por KANT como o *mais alto valor da justiça*[61]. Como nos elucida BOBBIO, KANT considerava que a liberdade era o único direito inato, transmitido ao homem pela natureza e não por uma qualquer autoridade, por ser "a independência de qualquer coerção imposta pela vontade de um outro" (BOBBIO 2000, 475-476).

A cooperação judiciária horizontal: «o diálogo judiciário ou a mundialização da justiça»

16. A cooperação judiciária em matéria penal europeia centrada no princípio do reconhecimento mútuo gera, como já frisamos, uma desnudificação do princípio da harmonização. A harmonização não é unificar o Direito, mas encontrar a unidade dentro da diversidade, como consagra o n.º 2 do art. 82.º e n.º 2 do art. 83.º do Tratado sobre o Funcionamento da União Europeia: a aproximação das disposições legais materiais e processuais penais que respeite as tradições e os sistemas jurídicos dos Estados-membros.

Consideramos que não é possível que as autoridades judiciárias cooperem sem um mínimo de harmonização das disposições penais e processuais penais – regras mínimas – e sem que exista um controlo mínimo de mérito da decisão da autoridade judiciária emissora do mandado de detenção europeu ou do mandado de apreensão e congelamento de bens por parte da autoridade judiciária de execução – principalmente quando estejam em causa valores, direitos e liberdades constantes da cláusula de não descriminação –, sob pena dos Estados-membros poderem ser responsabilizados pelo Tribunal Europeu dos Direitos do Homem (TEDH) por ricochete (RODRIGUES 2003, 49).

Somos, como são testemunha os nossos escritos sobre esta temática, defensores da harmonização, todavia este desiderato encontra-se em segundo plano na construção do espaço penal europeu[62] e da aniquilação (quase) total dos "santuários" ou "terras do nunca".

---

[61] Na linha de IMMANUEL KANT e da liberdade do Homem escolher o bem e o mal, JOÃO PAULO II fala-nos da liberdade como exercício da verdade e alerta-nos para o facto de que o abuso da liberdade, por não ser um agir como se fosse uma lei universal, em que, no centro, está a pessoa e os meios e os fins são elementos éticos de que nos fala KANT, esse abuso "provoca uma reacção que toma a forma de um ou outro sistema totalitário". Cfr. JOÃO PAULO II, *Memória e Identidade*, (Tradução de ANTÓNIO FERREIRA DA COSTA), Lisboa: Bertrand Editora, 2005, pp. 41-48 (p. 48).

[62] Cfr. parte final do n.º 3 do art. 67.º e n.º 1 do art. 82.º do Tratado sobre o Funcionamento da União Europeia na versão consolidada, que reflectem o exposto nos artigos 29.º e ss. do TUE.

17. A cooperação judiciária europeia em matéria penal – *maxime* terrorismo – centra-se na concretização do princípio do reconhecimento mútuo das decisões que as autoridades judiciárias competentes dos Estados-membros tomarem e emitirem. O reconhecimento mútuo das decisões judiciais alberga duas ordens positivas: a primeira ordem prende-se com o facto de o discurso ser horizontal e de ser de autoridade judiciária para autoridade judiciária; a segunda, que é consequência da primeira, prende-se com o facto do pedido ou do mandado emitido pela autoridade judiciária competente de um Estado-membro deixar de estar sob o prévio e posterior controlo do poder político.

Ganha-se na *eficácia* e na *celeridade* da tramitação processual entre as autoridades judiciárias de cada Estado-membro, sem falar do papel coordenador para os casos mais complexos e pluriestatais do EUROJUST, que promove a coordenação e cooperação entre as autoridades judiciárias (procuradorias) e as polícias ou autoridades de investigação dos vários Estados-membros e coopera com a Rede Judiciária Europeia (RJE).

Este discurso directo e horizontal entre as autoridades judiciárias por um lado promovem uma *cooperação totalmente judiciarizada* e imbuídas no *princípio da simplificação* (VALENTE 2006, 165-196; RODRIGUES 2003, 36-39). Os intervenientes falam a mesma linguagem: a do mundo judiciário e judicial. No âmbito do terrorismo, fenómeno supranacional, a cooperação judiciária e a respectiva coordenação da cooperação multilateral ou bilateral é crucial para evitar os actos terroristas e, caso aconteçam, para descobrir e deter os agentes responsáveis por esses actos hediondos dentro dos princípios, axiomas, regras e normas jurídicas fundadas na legalidade supraconstitucional, constitucional e infraconstitucional de cada Estado-membro.

18. O terrorismo aparece em primeiro lugar nos domínios da criminalidade que mais preocupa a União, seguido do *tráfico de seres humanos e exploração sexual de mulheres e crianças, tráfico de droga e de armas, branqueamento de capitais, corrupção, contrafacção de meios de pagamento, criminalidade informática e criminalidade organizada*[63]. Como sabemos, todas as demais tipologias criminais que se seguem ao terrorismo são fontes de receita e financiamento das redes e células terroristas nacionalistas e internacionais. O terrorismo assume, sistematicamente, uma relevância nas preocupações da construção do espaço europeu

---

[63] Cfr. 2.º § do art. 83.º do Tratado sobre o Funcionamento da União Europeia na versão consolidada.

– território único – com «elevado nível de liberdade, de segurança e de justiça».

O Conselho da Europa, já nesta linha de defesa da sociedade europeia de um fenómeno que não tem vítima identificada e que se estende para além do espaço da União, adoptou para assinatura, aprovação e ratificação dos seus Estados membros a Convenção Europeia para a Prevenção do Terrorismo, em Varsóvia, a 16 de Maio de 2005[64], com o intuito de fortalecer a efectividade dos textos legais que já existem para o combate ao terrorismo.

A Convenção anseia um fortalecimento dos esforços dos Estados membros na prevenção do terrorismo e, neste sentido, estabelece duas vias para ser atingido este objectivo: por um lado, a criminalização de certos actos que podem estar relacionados com a prática de infracções terroristas, tais como a incitação pública, o recrutamento e o treino de terroristas; e por outro, o reforço da cooperação para a prevenção, seja a nível nacional (políticas nacionais de prevenção) seja a nível internacional (alteração dos acordos de extradição e de auxílio judiciário em vigor). A Convenção estabelece orientações a ser implementadas pelos Estados membros relativas à protecção e à indemnização das vítimas de terrorismo.

Na mesma data e na mesma cidade, o Conselho da Europa aprovou a Convenção relativa ao Branqueamento, Detecção, Apreensão e Perda dos Produtos do Crime e ao Financiamento do Terrorismo, que adita ao objectivo de realizar "uma União mais estreita entre os seus membros", o objectivo de "prosseguir uma política criminal comum com vista à protecção da sociedade"[65].

19. A cooperação judiciária em matéria penal na União Europeia no âmbito do terrorismo, como ficou patente e não obstante a inexistência de uma *identidade europeia* emergente de uma *cultura unificadora europeia*, deve arreigar-se ao seu património comum: os direitos humanos consagrados na Convenção Europeia dos Direitos do Homem e, como vivifica o Tratado da União Europeia, no respeito pelos valores da dignidade da pessoa humana, da liberdade, da democracia, da igualdade, do Estado de direito.

---

[64] Portugal assinou a Convenção a 16 de Maio de 2005.
[65] Portugal assinou a Convenção a 16 de Maio de 2005, que foi aprovada para ratificação pela Resolução da Assembleia da República n.º 82/2009, de 3 de Julho de 2009.

A deificação da segurança não pode descaracterizar a cooperação que sendo judiciária é jurisdicional e, por isso, inculca aos seus operadores a obediência à Constituição e à lei do seu Estado de direito e democrático. A cooperação judiciária em matéria penal no âmbito do terrorismo não pode deixar nos caixotes das arrecadações dos Tribunais os valores e princípios que regem a União, o Estado e, acima de tudo, a humanidade: os direitos humanos que exigem um Direito material e processual penal europeu e internacional do cidadão e não do inimigo.

Caso assim não seja, vaticinamos como BOBBIO: «Os meios maus corrompem até os melhores fins» (1999, 112).

Bibliografia

ALLARD, Julie e GARAPON, Antoine. 2006. *Os Juízes na Mundialização. A Nova Revolução do Direito.* Lisboa: Instituto Piaget.
ALMEIDA, Reginaldo Rodrigues de. 2004. *Sociedade Bit. Da Sociedade da Informação à Sociedade do Conhecimento.* Lisboa: Quid Juris.
AMBOS, Kai. 2008. *A Parte Geral do Direito Penal Internacional. Bases para uma elaboração dogmática*, (Tradução de CARLOS E. JAPIASSÚ e DANIEL RAIZMAN). São Paulo: Revista dos Tribunais.
ARENDT, Hannah. 2004. *Responsabilidade e Julgamento.* São Paulo: Companhia das Letras.
BOBBIO, Norberto. 1999. *As Ideologias e o Poder em Crise.* Brasília: Editora UNB.
—————. 2000. *Teoria Geral da Política. A Filosofia Política e as Lições dos Clássico.* Rio de Janeiro: Campus.
BRANDÃO, Ana Paula. 2003. "Segurança: um conceito contestado em debate." In Adriano Moreira, coord. *Informações e Segurança.* Lisboa: Prefácio.
COSTA, José de Faria. 2003. "A Globalização e o Direito Penal (ou o tributo da consonância ao elogio da incompletude)." In *STDVDIA IVRIDICA* – 73, *COLLOQUIA* – 12, *Globalização e Direito*, Coimbra: Coimbra Editora.
CUNHA, José Manuel Damião da. 2005. "Constituição da República Anotada – Anotação ao artigo 33.º – Tomo I." In Jorge Miranda e Rui Medeiros, coord. Coimbra: Coimbra Editora.
DELMAS-MARTY, Mereille. 2004. "O Direito Penal como Ética da Mundialização." *Revista Portuguesa de Ciências Criminais* (RPCC) 14 (3).
FERRAJOLI, Luigi. 2008. *Democracia y Garantismo* (Edição de Miguel Carbonell). Madrid: Editorial Trotta.
GUEDES, Armando Marques. 2007. *Ligações Perigosas – Conectividade, Coordenação e Aprendizagem em Redes Terroristas.* Coimbra: Almedina.
MEIREIS, Manuel Augusto Alves. 1999. *O Regime das provas Obtidas pelo Agente Provocador em Processo Penal.* Coimbra: Almedina.
ONETO, Isabel. 2005. *O Agente Infiltrado.* Coimbra: Coimbra Editora.
PAULO II, João. 2005. *Memória e Identidade.* Lisboa: Bertrand Editora.
PINTO, Maria do Céu. 2008. "O Terrorismo Islâmico." *Galileu – Revista de Economia e Direito* 13 (2).
RADBRUCH, Gustav. 2004. *Filosofia do Direito.* São Paulo: Martins Fontes.
RODRIGUES, Anabela Miranda e MOTA, José Lopes da. 2002. *Para uma Política Criminal Europeia. Quadro e Instrumentos Jurídicos da Cooperação Judiciária em Matéria Penal no Espaço da União Europeia.* Coimbra: Coimbra Editora.
RODRIGUES, Anabela Miranda. 2003. "O Mandado de Detenção Europeu." *RPCC.* 13 (1).

ROXIN, Claus. 2004. "La Ciencia del Derecho Penal ante las Tareas del Futuro." Francisco Muñoz Conde, coord. *La Ciencia del Derecho penal ante le Nuevo Milenio*. Valencia: Tirant lo Blanch.
SCHMITT, Carl. 2005. *El Concepto de lo Político*. Madrid: Edición de Rafael Agapito.
STEINER, George. 2005. *A Ideia de Europa*. Lisboa: Gradiva.
TOCQUEVILLE, Alexis. 2002. *Da Democracia na América*. S. João do Estoril: Principia.
VALENTE, M. M. Guedes. 2006. *Do Mandado de Detenção Europeu*, Coimbra: Almedina.
———. 2009. *Teoria Geral do Direito Policial*. Coimbra: Almedina.
———. 2005. "Terrorismo – Fundamento de Restrição Direito?" Adriano Moreira, coord. *Terrorismo*. Coimbra: Almedina.
———. 2010. "La Cooperación Procesal en Materia Penal en Portugal: La Afirmación de los Derechos Humanos". In *IX Congreso de Cooperación Internacional en Materia Procesal* [no prelo].
ZAFFARONI, Eugénio Raúl. 2007.*O Inimigo no Direito Penal*. Rio de Janeiro: Editora Revan.

Diplomas

Declaração Universal dos Direitos do Homem.
Convenção Europeia dos Direitos do Homem.
Constituição da República Portuguesa.
Convenção Europeia de Auxílio Judiciário Mútuo em Matéria Penal de Estrasburgo de 1959.
Convenção Europeia de Auxílio Judiciário Mútuo em Matéria Penal de 2000.
Convenção Europeia para a Prevenção do Terrorismo do Conselho da Europa.
Convenção Internacional contra a Tomada de Reféns de 1979.
Convenção Internacional para a Eliminação do Financiamento do Terrorismo de 1999.
Convenção Internacional para a Repressão de Atentados Terroristas à Bomba de 1998.
Convenção para a Supressão de Actos Ilegais Contra a Segurança da Aviação Civil 1971.
Convenção para Repressão da Captura Ilícita de Aeronaves de 1970.
Convenção relativa a Infracções e a Certos Outros Actos Cometidos a Bordo de Aeronaves de 1963.
Convenção sobre a Prevenção e Repressão de Crimes contra Pessoas que Usufruem de Protecção Internacional, incluindo os Agentes Diplomáticos de 1973.

Protocolo para a Repressão de Actos Ilícitos de Violência nos Aeroportos ao Serviço da Aviação Internacional de 1988.
Tratado da União Europeia.
Tratado sobre o Funcionamento da União Europeia.
Lei da Cooperação Judiciária Internacional em Matéria Penal.
Decisão-Quadro n.º 2002/584/JAI, do Conselho, de 13 de Junho de 2002.
Decisão-Quadro n.º 2003/577/JAI, do Conselho, de 22 de Julho de 2003.
Lei n.º 52/2003, de 22 de Agosto, transpôs a Decisão-Quadro n.º 2002/475/JAI, do Conselho, de 13 de Junho.

Outros Documentos

Relatório Anual de 2003 do EUROJUST.
Convenção Europeia – CONV 346/02, WG X 8, Bruxelas, 16 de Outubro de 2002 (30.10), consultado em *http://register.consilium.eu.int/*, no dia 21 de Dezembro de 2004.

A CENTRALIDADE DA COOPERAÇÃO POLICIAL E JUDICIÁRIA EM MATÉRIA PENAL NA LUTA ANTITERRORISTA EUROPEIA

Diana Ferreira Oliveira e Ana Paula Brandão

O fenómeno do terrorismo transnacional representa, actualmente, um dos principais desafios a que a União Europeia (UE) deve responder enquanto actor de segurança. Privilegiando historicamente os meios policiais e judiciários, a União viu-se confrontada com a necessidade de adoptar uma abordagem compreensiva em resposta à ameaça terrorista transnacional. Esta abordagem passou a exigir uma coordenação complexa entre as actividades da UE relacionadas quer com a segurança interna e externa, quer com os distintos actores e instituições, quer com o vasto leque de instrumentos disponíveis nos diferentes pilares.

A prioritarização da luta antiterrorista no pós-11 de Setembro traduziu-se, na prática, em dois importantes resultados: a adopção de legislação, instrumentos e organismos a um ritmo sem precedentes; e a intensificação da cooperação transatlântica, favorecendo a actuação internacional da União. Nesta perspectiva, é possível então argumentar que os atentados a 11 de Setembro de 2001 introduziram a União Europeia, enquanto actor de segurança, na luta contra o terrorismo: "A abordagem transpilares adoptada na luta contra o terrorismo transnacional, associada ao incremento da dimensão civil da PESD, exigindo também ela uma coordenação interpilares e um papel da Comissão no domínio da segurança (*latu sensu*), têm suscitado a teorização da UE como actor compreensivo, multidimensional" (Brandão 2010, 51).

Centrando-se na evolução da UE na luta contra o terrorismo, este artigo pretende compreender "as dinâmicas de transversalização e externalização da CoPoJuP"[1] (BRANDÃO 2009) que dela decorrem. Como tal, o artigo foi dividido em três partes. Num primeiro momento, é analisada a cooperação em matéria de 'segurança interna'[2] ao longo do processo de integração europeia, assinalando as transformações mais expressivas até à sua respectiva formalização através do terceiro pilar. Num segundo momento, considerando o impulso da cooperação JAI[3] na luta contra o terrorismo durante a década de 90, são identificados os principais progressos nesse sentido. Por último, à luz das medidas antiterroristas adoptadas no pós-11 de Setembro, sustenta-se que os ataques perpetrados funcionaram como um catalisador à acção da UE na luta contra o terrorismo, tornando esta num actor de 'segurança interna' e externa mais credível. Com vista a inferir de que forma o 11 de Setembro veio alterar o papel da União enquanto actor de segurança, examina-se a abordagem compreensiva adoptada, incluindo a diversidade de instrumentos, políticas e actores que esta envolve.

Da cooperação informal ao terceiro pilar

Desde cedo, o processo de construção europeia viu-se confrontado com o fenómeno do terrorismo, nacional e internacional. De facto, o combate ao terrorismo remonta à década de 70, ao início da cooperação entre os Estados-Membros no domínio da 'segurança interna'. No entanto, em 1992, aquando da assinatura do Tratado da União Europeia[4] e da respectiva formalização da cooperação JAI, outras preocupações surgiram como prioritárias para os Estados-Membros.

---

[1] Cooperação Policial e Judiciária em matéria Penal.

[2] *Vide* nota 8 do capítulo 1.

[3] Dada a complexidade desta área, convém clarificar as diferenças entre a cooperação em matéria de Justiça e Assuntos Internos e a cooperação em matéria de 'segurança interna'. A cooperação JAI, formalizada com a entrada em vigor do Tratado da UE (1993), referia-se à cooperação nas seguintes áreas: política de asilo; regras aplicáveis à passagem nas fronteiras externas dos Estados-Membros; política de imigração; luta contra a droga; luta contra a fraude internacional; cooperação judiciária em matéria civil e penal; cooperação aduaneira; e cooperação policial. Com a entrada em vigor do Tratado de Amesterdão em 1999, as matérias relativas a imigração, asilo, cooperação aduaneira e cooperação judiciária civil foram transferidas para o primeiro pilar, restringindo-se o terceiro pilar ao domínio da 'segurança interna'. Para efeitos deste estudo, a cooperação no domínio da 'segurança interna' reporta-se, assim, à Cooperação Policial e Judiciária em matéria Penal no combate à criminalidade transnacional.

[4] Também conhecido como Tratado de Maastricht.

De um modo geral, a década de 70 é caracterizada tanto pela intensificação da actividade terrorista em território europeu[5], como pela ineficácia e/ou insuficiência das políticas e procedimentos internacionais no combate à mesma. Foi, portanto, também nesta altura que surgiu uma maior consciencialização por parte de determinados Estados-Membros no que diz respeito aos benefícios mútuos de uma cooperação europeia ao nível da 'segurança interna'. À medida que o terrorismo progrediu na Europa, sob a forma de numerosos actos, com particular destaque para o incidente terrorista ocorrido nos Jogos Olímpicos de Munique em 1972, os líderes políticos europeus perceberam que a actuação unilateral não era suficiente para lidar eficazmente com a ameaça terrorista. Foi neste cenário que se iniciaram os primeiros esforços de cooperação em matéria de 'segurança interna'.

Desde logo, em 1973, com o intuito de coordenar as distintas iniciativas nacionais ao nível da política externa, deu-se a institucionalização da Cooperação Política Europeia (CPE). Esta, devido à natureza sensível da cooperação em matéria de política externa, desenvolveu-se como um processo paralelo à estrutura formal da União Europeia. Contudo, este processo informal de consulta, realizado entre os Ministros da Justiça e Assuntos Internos dos diferentes Estados-Membros, conduziu lentamente a melhorias no intercâmbio de informação entre os mesmos.

Sob a égide da CPE, foi criado pelo Conselho Europeu de Roma em 1975 o Grupo TREVI[6], exterior à estrutura formal da União Europeia, cuja composição respeitava três níveis: num primeiro nível, reuniam-se os ministros da Justiça e Assuntos Internos; num segundo, os peritos; num terceiro, os operacionais da polícia. (OCCHIPINTI 2003, 32). Ainda que carecendo de um secretariado permanente ou sede central, o estabelecimento deste Grupo constituiu efectivamente um avanço significativo na medida em que tornou possível a cooperação inter-estadual ao mais

---

[5] A intensificação da actividade terrorista no palco europeu devia-se não só à acção de grupos terroristas europeus – entre esses, destaca-se o "Provisional IRA", na Irlanda, as "Red Brigades", na Itália e o "Baader Meinhof Gang", na Alemanha – como também à acção de grupos externos à Europa – grupos da região do Médio Oriente, especialmente palestinianos.

[6] Existe alguma discussão entre os académicos relativamente à denominação deste Grupo pois, enquanto uns sustentam que TREVI advém da famosa fonte na cidade de Roma, na qual foi fundado o Grupo, outros afirmam que esta é um acrónimo das palavras francesas, *terrorism, radicalisme, extrémisme et violence internationale* (OCCHIPINTI 2003, 31).

alto nível em matéria de 'segurança interna'[7] (OCCHIPINTI 2003, 32). Constatámos portanto que a CEE conseguiu efectivamente reforçar a cooperação inter-estadual policial através do Grupo TREVI, pois este proporcionava aos Estados-Membros um fórum multinível, ainda que limitado, para a comunicação e intercâmbio de informação sobre vários crimes transnacionais, assim como para a partilha de conhecimentos e técnicas de combate.[8]

No âmbito operacional, realizaram-se ainda outros esforços no combate ao terrorismo, nomeadamente através da criação do "Police Working Group on Terrorism" (PWGOT), em 1979.[9]

No domínio legal, os Estados-Membros encaravam a questão do terrorismo como um crime político e, portanto, consideravam que a actividade terrorista, como qualquer outra actividade criminosa, pertencia ao foro interno de cada estado. Neste sentido, em 1957, na Convenção Europeia sobre a Extradição[10], foi definido o direito de recusa à extradição para os casos em que esse pedido era uma ofensa política ou estava associado a uma ofensa política (BURES 2007, 3). À medida que os anos decorreram, tornou-se evidente a necessidade de criar uma resposta multilateral a este fenómeno, sendo que em 1977, perante a convergência dos interesses dos diferentes Estados, foi adoptada a Convenção Europeia para a Repressão do Terrorismo.[11] Esta, além de estabelecer uma lista de actos considerados terroristas, também determinava que tais actos não deviam ser considerados, por parte dos Estados-Membros, como ofensas

---

[7] Nos finais dos anos 80, vários Estados-Membros afirmavam que este Grupo constituía um fórum mais eficiente que a própria Interpol no que toca ao intercâmbio de informação relacionada com o terrorismo internacional (BURES 2008, 499).

[8] Segundo Bures, (2007, 3), este intercâmbio de informação possibilitou entre os Estados-Membros a partilha de informações (*intelligence*), a elaboração de uma lista de organizações terroristas, a análise de ameaças externas, a localização de organizações terroristas específicas e, ainda, a detenção e acusação de presumíveis elementos destas organizações.

[9] Em Março de 1979, após a suspeita de envolvimento de grupos terroristas no assassinato do embaixador britânico na Holanda, Sir Richard Sykes, foi fundado o PWGOT integrado pelos 12 Estados-Membros, mais a Finlândia, Noruega, Suécia e Áustria. Este promovia a comunicação e cooperação, a um nível mais operacional, entre as diversas forças policiais nacionais.

[10] Conselho da Europa. 1957. European Convention on Extradition. [http://conventions.coe.int/Treaty/en/Treaties/Html/024.htm].

[11] Conselho da Europa. 1977. European Convention on the Suppression of Terrorism [http://conventions.coe.int/Treaty/en/Treaties/Html/090.htm].

políticas, ofensas associadas a ofensas políticas, ou ofensas inspiradas por motivos políticos (DIMITRIU 2004, 586-587). Porém, o incumprimento das disposições da Convenção Europeia para a Repressão do Terrorismo devido, por um lado, à existência de certas lacunas encontradas no texto e, por outro, à existência de códigos criminais e definições de terrorismo distintas, levou a União a negociar o chamado Acordo de Dublin, o qual previa a aplicação uniforme da Convenção Europeia por parte de cada Estado-Membro. Na base das dificuldades de implementação e ratificação destes dois acordos, estavam claramente preocupações relativas à eventual perda de autonomia em lidar com este fenómeno, tanto unilateral como bilateralmente (BURES 2007, 3).

Numa segunda etapa, a evolução da cooperação judiciária e policial em matéria penal deixou de ter como impulso o terrorismo, uma vez que se levantavam preocupações associadas ao mercado interno. Como a intenção partilhada pelos Estados no estabelecimento de um mercado interno, até 1992, estava directamente associada à liberdade de circulação de pessoas e bens, os Estados-Membros redireccionaram os seus esforços para as implicações no domínio da 'segurança interna'. Dessa forma, ainda que fora do âmbito comunitário, o Acordo de Schengen[12], assinado em 1985, contribuiu, em certa medida, para aumentar a inquietação relativamente à expansão das actividades criminosas em território europeu.[13]

---

[12] Convenção: The Schengen acquis – Convention implementing the Schengen Agreement of 14 June 1985 between the Governments of the States of the Benelux Economic Union, the Federal Republic of Germany and the French Republic on the gradual abolition of checks at their common borders
[http://eur-lex.europa.eu/LexUriServ/LexUriServ.do?uri=CELEX:42000A0922%2802%29:EN:HTML]
Acordo Schengen:
The Schengen acquis – Agreement between the Governments of the States of the Benelux Economic Union, the Federal Republic of Germany and the French Republic on the gradual abolition of checks at their common borders
[http://eur-lex.europa.eu/LexUriServ/LexUriServ.do?uri=CELEX:42000A0922%2801%29:EN:HTML]

[13] O Acordo de Schengen, assinado em 14 de Junho de 1985, pelos representantes da França, República Federal Alemã e países Benelux, manifestava a intenção de adopção de medidas comuns relativas à abolição dos controlos das fronteiras internas, tendo como objectivo instaurar a livre circulação de pessoas dentro dos países signatários. Posteriormente, com vista a alcançar o objectivo da livre circulação de pessoas, foi assinada uma Convenção de Aplicação do Acordo de Schengen, a qual previa a aplicação de um amplo conjunto de "medidas compensatórias" para as potenciais ameaças resultantes da abolição das fronteiras. Entre essas medidas constavam: a criação do Sistema de Informação

Como tal, no que concerne a ameaças à 'segurança interna', Schengen acentuava não só as preocupações ao nível do narcotráfico, como também a indesejada livre circulação de de outros tipos de criminosos, inclusive terroristas. Assim, como afirma Zimmerman (2006, 125): "[A]lthough not an exclusive counterterrorism measure, the Schengen Agreement constitutes one of the milestones of European counterterrorism cooperation."

Efectivamente, na década de 80, os concomitantes e paralelos desenvolvimentos relativos ao Grupo TREVI e ao Acordo de Schengen reflectiram o crescente consenso intergovernamental de que os novos desafios à 'segurança interna' exigiam uma cooperação judiciária e policial reforçada (Occhipinti 2003, 34). Por outro lado, o fim da Guerra Fria contribuiu também para alterar a agenda de segurança europeia ao desviar a atenção das tradicionais ameaças securitárias de dimensão militar e por sua vez chamar a atenção para desafios de carácter mais difuso como o crime organizado e o tráfico de droga transfronteiriço (Rees 2008, 99).

Consequência da eliminação das fronteiras internas, bem como do colapso da URSS, a questão da imigração, percepcionada pelas lideranças políticas nacionais como uma ameaça à segurança interna, passou nesta altura a ocupar um lugar de destaque na agenda comunitária. A eventual existência de elevados fluxos migratórios para território europeu era encarada pelos Estados-Membros como potenciadora de um eventual aumento de certas actividades criminosas (Occhipinti 2003, 45).

Deste modo, tornou-se perceptível, desde os finais dos anos 70, a emergência de novas preocupações nas prioridades dos Estados-Membros, delegando para segundo plano a cooperação no combate ao terrorismo. Dito de outra forma: "[I]n fact, because collaboration potentially entailed the sharing of sensitive information collected by member states' individual intelligence agencies, there was enduring significant reluctant to deepen cooperation in this area" (Occhipinti 2003, 44).

Schengen (SIS), uma base de dados digital sobre potenciais riscos, bens e/ou pessoas; a comunicação para efeitos de recusa de entrada; critérios de determinação da responsabilidade pelos refugiados; cooperação policial; extradição; e cooperação na luta contra a droga. Desde a assinatura da Convenção, em 1990, todos os Estados-Membros da UE, foram, progressivamente, aderindo aos Acordos de Schengen. No entanto, no caso da Irlanda e do Reino Unido, estes beneficiam de uma cláusula de Opting Out, o que lhes permite aplicar extractos seleccionados do acervo de Schengen. Da mesma forma, a Islândia e a Noruega foram associadas ao desenvolvimento dos Acordos de Schengen desde 19 de Dezembro de 1996, a Suíça em 2005 e o Liechtenstein em 2008. Por sua vez, o Chipre, a Roménia e a Bulgária terão que comprovar que as medidas para a abolição das fronteiras estão a ser correctamente implementadas.

Quando o Tratado de Maastricht foi assinado em Fevereiro de 1992, as estruturas informais anteriores foram reunidas sob o novo quadro legal e institucional comunitário, sob a égide do terceiro pilar.[14] Por outro lado, como assinala Zimmerman (2006, 115), "integral to the situating of counterterrorism competencies in the Third Pillar was the notion that terrorism was, if no longer exclusively a domestic criminal issue of member states, then certainly an internal security problem of the Union".

O cenário de cooperação informal alterou-se assim com a assinatura do Tratado de Maastricht. Uma vez que os novos desafios à 'segurança interna' exigiam o reforço da cooperação, os Estados-Membros tentaram avançar com a formalização da cooperação judiciária e policial, no quadro do processo negocial do Tratado. O resultado final traduziu-se numa União Europeia dotada de uma arquitectura em três pilares: o primeiro pilar – Comunidades Europeias – dizia respeito às áreas às quais se aplicava o método comunitário[15]; o segundo – Política Externa de Segurança Comum – referia-se à coordenação de políticas externas entre os Estados-Membros através do método intergovernamental; por fim, o terceiro – Justiça e Assuntos Internos – reportava-se à cooperação nos domínios da imigração, do asilo e da 'segurança interna'.

O artigo 2 do Tratado da UE determinava a base legal da acção da União no domínio da 'segurança interna', incluindo no combate ao terrorismo. Por seu turno, no artigo 29, pela primeira vez, a UE referia-se especificamente ao terrorismo: "as a serious form of crime to be prevented and combated by developing common action in three different ways: closer cooperation between police forces, customs authorities and other competent authorities of the Member States; and approximation, where necessary, of rules on criminal matters" (LUGNA 2006, 106).

Paralelamente, no artigo K. 1 (9) do Tratado da UE, bem como na Declaração sobre Cooperação Policial anexada ao acto final, estava ainda prevista a criação da Europol. A Europol tornar-se-ia efectivamente uma realidade através de uma série de etapas após a assinatura do referido Tratado.

Em concreto, o Tratado da UE alterou a natureza da cooperação policial entre os Estados-Membros. Por um lado, as disposições do Título VI

---

[14] No quadro do Tratado da União Europeia, as disposições relativas à Cooperação no domínio da Justiça e Assuntos Internos (JAI) estavam integradas no Título VI.

[15] Ou seja, corresponde às políticas das três Comunidades: a Comunidade Europeia (CE), a Comunidade Europeia da Energia Atómica (EURATOM) e a antiga Comunidade Europeia do Carvão e do Aço (CECA).

representaram um importante salto qualitativo na cooperação europeia no que diz respeito à 'segurança interna'. Por outro, embora ainda numa dimensão intergovernamental, a formalização da cooperação policial e judiciária configurada no terceiro pilar da União, elevou o destaque atribuído à 'segurança interna' a um nível sem precedentes entre os Estados--Membros (OCCHIPINTI 2003, 40).

A consolidação e externalização da CoPoJuP[16]

Após a limitada cooperação intergovernamental manifesta durante os anos 70 e 80, a acção comum contra o crime transfronteiriço emergiu nos anos 90 devido a três factores fundamentais: a finalização do mercado interno, a qual facilitou maiores oportunidades para o crime transfronteiriço; a implementação gradual da livre circulação de pessoas e bens, terminada em 1995; e, as mudanças na percepção da ameaça criminosa[17] (MONAR 2006, 496).

No início da década de 90, a ideia da criação de uma agência policial europeia foi avançada, pela delegação alemã, no Conselho Europeu do Luxemburgo em 1991. Dessa proposta resultou a formação do "Ad Hoc Working Group on Europol", que poderia trabalhar ao abrigo da estrutura TREVI até ao estabelecimento da Europol Drugs Unit (EDU). Assim, numa primeira fase, a Europol começou as suas operações de forma limitada, a 9 de Janeiro de 1994, com a designação de EDU. Só mais tarde, em Julho de 1995, após sucessivos atrasos e impasses, foi assinada a Convenção da Europol[18] e, posteriormente, ratificada em 1998, permitindo assim a total operacionalização da mesma em 1 de Janeiro de 1999. A principal função deste organismo consistia em facilitar o intercâmbio e a análise de informação entre as diferentes forças policiais nacionais, além de que, quando solicitado, este devia fornecer apoio às equipas de investigação formadas em cada Estado-Membro (LUGNA 2006, 113).

---

[16] Cooperação Policial e Judiciária em matéria Penal

[17] Explicado principalmente pela emergência das actividades de crime organizado no outro lado da fronteira do território europeu, na parte este e sudeste.

[18] Council of the European Union. 1995. Council Act of 26 July 1995 drawing up the Convention based on Article K.3 of the Treaty on European Union, on the establishment of a European Police Office (Europol Convention)
[http://eur-lex.europa.eu/LexUriServ/LexUriServ.do?uri=CELEX:31995F1127%2801%29:EN:NOT]

Segundo Zimermman (2006, 132), "[A]mong all the efforts by the Union in the field of Justice and Home Affairs, the launching of the European Police Office (Europol) on 3 January 1994 is arguably the most ambitious and the most significant to the date." No que toca à luta contra o terrorismo, esta não fazia parte das competências inicialmente previstas no mandato da Europol sendo que, só em Fevereiro de 1998, os Estados-Membros chegaram a um consenso com respeito à inclusão do combate ao terrorismo como um dos seus objectivos centrais (Occhipinti 2003, 59).

Numa tentativa de facilitar a aplicação uniforme das provisões legais no seio da UE, durante a década de 90, dois importantes instrumentos legais foram adoptados: em 1995, a Convenção relativa à Extradição Simplificada[19]; e em 1996, a Convenção relativa à Extradição entre os Estados-Membros da União Europeia[20]. Ambas tinham como objectivo complementar e facilitar a aplicação da Convenção Europeia sobre Extradição de 1957 e a Convenção Europeia para a Repressão do Terrorismo de 1977, mediante o alargamento do número de situações susceptíveis de extradição e especificando quais as ofensas não passíveis de extradição (Bures 2007, 5).

Já em 1997, o Tratado de Amesterdão trouxe algumas alterações no âmbito do terceiro pilar do Tratado da UE, incorporando alguns dos objectivos e mecanismos estabelecidos na Convenção da Europol, bem como a "comunitarização" do Acordo de Schengen na estrutura institucional da UE. De modo a assegurar a liberdade e a justiça e, simultaneamente, reforçar a segurança, o Tratado de Amesterdão reconheceu a necessidade de melhorar a coordenação das políticas JAI e ainda, em algumas áreas, conceder à União Europeia novos poderes (Bures 2007, 5). Neste sentido, foi consagrado o Espaço de Liberdade, de Segurança e de Justiça (ELSJ), "comunitarizando" parte da pasta JAI, nomeadamente políticas relativas à livre circulação de pessoas, ao controlo das fronteiras externas, políticas de asilo e imigração e cooperação judiciária em matéria civil, sendo que estas foram transferidas para o domínio do primeiro

---

[19] Council of the European Union. 1995.Simplified extradition procedure between Member States
[http://europa.eu/legislation_summaries/justice_freedom_security/judicial_cooperation_in_criminal_matters/l14015a_en.htm]

[20] Council of the European Union. 1996. Convention on extradition between Member States
[http://europa.eu/legislation_summaries/justice_freedom_security/judicial_cooperation_in_criminal_matters/l14015b_en.htm]

pilar (OCCHIPINTI 2003, 72). Por outras palavras, verificou-se uma transferência de áreas: as novas áreas comunitárias sob o Título IV do Tratado das Comunidades Europeias e, as áreas que permanecem no contexto intergovernamental do Título VI do Tratado da UE, sob a designação de CoPoJuP. De um ponto de vista operacional, esta rígida linha de separação, intergovernamental e supranacional, gerava muitos constrangimentos pois distintos processos de tomada de decisão, procedimentos e instrumentos legais aplicáveis tornam qualquer acção transpilar um processo difícil e complexo (LUGNA 2006, 106).

Com a entrada em vigor, em 1999, do Tratado de Amesterdão e da Convenção Europol, a União Europeia dispunha, finalmente, de instituições formais para o combate às várias formas de crime organizado, com especial destaque para a Europol, caracterizada pela sua capacidade em lidar com o crime de forma pró-activa, no decorrer das suas operações diárias, sem a necessidade de prévia autorização do Conselho de Justiça e Assuntos Internos. Simultaneamente, as reformas institucionais no âmbito da JAI traduziram a conquista de um papel mais importante por parte das instituições supranacionais – Comissão, Parlamento e Tribunal (OCCHIPINTI 2003, 72). Tendo em conta as alterações introduzidas pelo Tratado de Amesterdão, a cooperação no domínio da 'segurança interna' avançou significativamente. Não obstante, os atrasos quer na ratificação da Convenção da Europol quer em outras medidas-chave antiterroristas por parte de diversos Estados-Membros sugerem que, mesmo na década de 90, o combate ao terrorismo era ainda encarado predominantemente, se não exclusivamente, como um assunto nacional (BURES 2007, 6).

No Conselho Europeu de Tampere em 1999, os Estados-Membros procuraram "to inject new life into the JHA pillar" (BURES 2007, 6), aprovando um plano ambicioso que incluía a implementação de diversas políticas de imigração, controlo fronteiriço, cooperação policial e asilo.[21] Mais importante ainda, como sublinha Kaunert (2009, 47), "[T]he conclusions of the summit articulate the concept of the EU as an actor on the international scene, a dimension which had hitherto been missing from the AFSJ."

Tendo como intuito renovar o ímpeto da acção externa ao nível da CoPoJuP, as conclusões de Tampere declaravam que as relações externas

---

[21] European Council. 1999. Presidency Conclusions – Tampere European Council, 15 and 16 October 1999
[http://europa.eu/european-council/index_en.htm].

da UE deveriam ser utilizadas para alcançar os objectivos ao nível da 'segurança interna' da UE (WOLFF, ET AL. 2009, 13), inaugurando a externalização da cooperação interna. Isto é visível, por exemplo, através da dimensão transnacional do combate ao crime no seio da UE. Entre os temas centrais discutidos em Tampere constava a luta contra o crime transnacional, o estabelecimento de uma área judiciária europeia e o reforço da acção externa da UE. Neste sentido, além da criação de três novos organismos – uma *Task Force* Europeia de Chefes de Polícia, a Eurojust e o Colégio Europeu de Polícia (CEPOL), as conclusões de Tampere também apelavam ao fortalecimento dos poderes da Europol e ao reforço das equipas de investigação conjuntas em áreas transfronteiriças. De uma forma geral, o Conselho de Tampere marcou o início de uma série de progressos nesta área, que viria a durar até 2003. Convém ainda salientar que o ritmo destes desenvolvimentos foi especialmente impressionante, quando comparado com os progressos em torno do terceiro pilar, antes do Tratado de Amesterdão entrar em vigor (OCCHIPINTI 2003, 86).

De uma forma geral, a cooperação entre os Estados-Membros ganhou um novo impulso na década de 90. No que se refere ao combate ao terrorismo em particular, este continuava a suscitar resistência por parte dos Estados pois remetia para o núcleo duro da sua soberania. Neste sentido, e partilhando a opinião de Edward e Meyers (2008, 11), a União Europeia conseguiu ser bem sucedida ao nível da cooperação operacional, no entanto, fracassou na concretização de consensos alargados nas questões fundamentais. De facto, foi apenas na sequência dos atentados de 11 de Setembro de 2001 que a União pareceu despertar para uma nova etapa, marcada pela emergência de uma "old but new threat" à segurança dos Estados.

A abordagem compreensiva da UE na luta contra o terrorismo transnacional

Durante anos, de modo a intensificar a cooperação no domínio policial e judiciário, a União Europeia deparou-se com árduas tarefas como a tentativa de harmonização das leis nacionais ou a transposição de tradicionais barreiras entre forças policiais, *intelligence* e autoridades judiciais. Estes obstáculos derivavam de questões associadas à soberania nacional, à insuficiência de recursos e, até mesmo, à falta de confiança mútua. Assim, embora se tenham dado passos importantes em direcção ao fortalecimento da CoPoJuP, os Estados continuavam a resistir à cedência de competências para a CE em matérias tão delicadas.

Subsequentemente, com os ataques de 11 de Setembro, o combate ao terrorismo volta a encabeçar as prioridades da agenda da União Europeia. Desde o Tratado de Amesterdão se debatia no seio da UE, a capacidade desta enquanto actor de segurança, ao nível interno e externo. Na preparação de uma resposta antiterrorista europeia, a União enfrentava, assim, o desafio de assegurar a cooperação e coordenação de um vasto número de instrumentos dos três pilares da UE. Não obstante, esta tarefa afigurava-se mais difícil do que parecia, tendo em conta a natureza fragmentada da arquitectura "pilarizada" da União.

Desde logo, de 20 de Setembro a inícios de Dezembro de 2001, a União Europeia e as suas instituições mais decisivas em questões de segurança deliberaram, consolidaram, aceleraram e, inclusive, iniciaram medidas e instrumentos antiterroristas, ao nível político, legal e operacional (ZIMMERMAN 2006, 127). De facto, o impacto dos atentados em Nova Iorque e Washington representou, para a UE, não só uma oportunidade, como uma prova de que é necessário reforçar a sua coerência (BURES 2007, 6). A ideia de coerência tornou-se então central: "thus the existence of national borders and varying abilities to meet the threat provided a permissive context for terrorism rather than a sophisticated security environment. So, the major challenge for the EU was forming a coherent response to international crisis, despite the need to use simultaneously national, intergovernmental and supranational policy toolboxes (SPENCE 2004, 75).

Pela primeira vez na história da União, havia uma intenção política comum a todos os Estados-Membros: empenho e determinação no combate à ameaça terrorista. Claramente, as implicações dos atentados em Washington e Nova Iorque deram lugar a uma aceleração sem precedentes na tomada de decisões relativas à luta contra o terrorismo, especialmente no domínio da CoPoJuP (ZIMMERMAN 2006; CASALE 2008; BURES 2007; DEN BOER 2003). Deste renovado empenho, resultou a materialização de uma abordagem transpilares e multidimensional, a qual combinava medidas legislativas e operacionais, de contenção e preventivas, internas e externas, assim como institucionais (MONAR 2007, 281). Nesta perspectiva, Monar afirma que (2007, 278), "[F]or an actor like the EU, which has struggle with particular obstacles of legal and institutional complexity, such as the 'pillar' structure, and which has to bring together 27 member states that – at least in the internal and external security aspects of importance to the fight against terrorism – remain fully sovereign, the agreement on such a comprehensive common response at least touches upon the limits of what the system can deliver" (MONAR 2007, 278).

Efectivamente, a urgência em torno de uma resposta concertada e coerente, baseada quer na consolidação das relações da UE com outros Estados, quer na cooperação interna entre os próprios Estados-Membros, levantava de novo a questão da *actorness* da União. Se por um lado, a União aproveitou o *momentum* pós-11 de Setembro "to link the construction of internal EU counter-terrorism competences and the construction of an international role for the EU" (KAUNERT 2009, 54), por outro, a atribuição à União Europeia de importantes novas competências em matéria de 'segurança interna', evidenciava o papel desta enquanto actor de segurança em construção, assente na coordenação inter-pilares e inter-políticas.

Embora no passado o terrorismo tenha sido subestimado por parte dos Estados-Membros, após o 11 de Setembro, a principal preocupação constituía, indiscutivelmente, a adopção de uma estratégia antiterrorista eficaz. Ao mesmo tempo, dado o carácter multidimensional e transnacional da ameaça, o recurso a uma abordagem transpilares surgiu como condição crucial à sua eficácia. Entre as inúmeras decisões acordadas no pós-11 de Setembro, algumas merecem destaque[22].

No que diz respeito ao primeiro pilar, medidas em matéria de segurança área, segurança dos transportes, telecomunicações, visas e asilo, o combate ao financiamento do terrorismo e o congelamento de capitais e bens de pessoas suspeitas de terrorismo constituíram parte da legislação introduzida pela Comissão. Igualmente, a assistência técnica e financeira, a ajuda ao desenvolvimento e reconstrução, ajuda humanitária e programas de doação foram aplicados no desenvolvimento de capacidades contra-terroristas em países terceiros. Na prática, esta assistência por parte da UE resumiu-se essencialmente a ajuda financeira ou concessões comerciais de modo a ajudar e incentivar novos parceiros na luta contra o terrorismo (BOSSONG 2008; DEN BOER 2003; MOUNIER 2003).

Na linha das medidas anteriores, a UE avançou também com diversas iniciativas diplomáticas com outros Estados, enfatizando a importância da cooperação internacional na luta contra o terrorismo. Exemplo

---

[22] É de notar que a maior parte destas medidas não eram totalmente novas, uma vez que já constavam da agenda europeia iniciada no Conselho Europeu de Tampere, em 1999.
Para uma descrição completa e detalhada das medidas contra-terroristas adoptadas após os atentados de 11 de Setembro, consultar BOSSONG 2008, BURES 2007 e ZIMMERMAN 2006.

disso foi a intensa cooperação transatlântica com os Estados Unidos no pós-11 de Setembro. Mais concretamente, em Junho de 2003, foi oficializado um acordo multilateral relativo à cooperação judiciária entre a Europol[23] e os Estados Unidos, "EU-US Mutual Legal Assistance Treaty"[24]. Instituindo um nível de cooperação judiciária sem precedentes com os EUA, este acordo assentava na partilha de formação e técnicas em matéria criminal, assim como, no aperfeiçoamento dos acordos de extradição e no intercâmbio de informação estratégica, incluindo a transferência de dados pessoais, isto é, "any information relating to an identified or identifiable nature person"[25] (KAUNERT 2009, 56).

Paralelamente, a Estratégia Europeia de Segurança (EES)[26], aprovada em Dezembro de 2003, previa uma "conjugação de instrumentos" no combate às novas ameaças do pós-Guerra Fria (União Europeia 2003, 7). Esta, conhecida também por Documento Solana, marcou uma nova etapa ao nível da segurança na União Europeia. Pela primeira vez, a UE identificou as principais ameaças à sua segurança e, definiu quais as suas linhas de defesa. Como tal, a EES constitui, nas palavras de Bendiek (2006, 7) "(...) the entire cross pillar framework of Europe's attempt to find an answer to global challenges and main threats (...)". Para além disso, perante a manifesta vontade em reforçar "a coordenação entre a acção externa e as políticas em matéria de Justiça e Assuntos Internos" (União Europeia 2003, 13), este documento encerra em si mesmo a integração dos objectivos JAI na agenda de segurança da política externa da União.

À semelhança de todo o processo de integração, a CoPoJuP continuou a deter uma importância crucial no desenvolvimento de medidas antiterroristas, visto que afecta a cooperação policial e judiciária. Neste sentido, os ataques terroristas perpetrados em Washington e Nova Iorque,

---

[23] O artigo 26 da Convenção da Europol confere personalidade jurídica à Europol, permitindo assim a conclusão de acordos com terceiros estados e outras organizações internacionais.

[24] 2003. Agreement on mutual legal assistance between the European Union and the United States of America
[http://eur-lex.europa.eu/LexUriServ/LexUriServ.do?uri=OJ:L:2003:181:0034:0042:EN:PDF].

[25] Além da exclusão do Parlamento Europeu da negociação deste acordo, este suscitou bastante controvérsia uma vez que acarretava sérias implicações em matéria de liberdades e direitos civis.

[26] União Europeia. 2003. Uma Europa num Mundo Melhor – Estratégia Europeia em matéria de Segurança, 12 de Dezembro de 2003
[http://www.consilium.europa.eu/showPage.aspx?id=266&lang=pt].

representaram um catalisador que possibilitou a rápida adopção de um amplo leque de medidas antiterroristas. Como tal, ainda a 19 de Setembro de 2001, a Comissão Europeia propôs a criação de um instrumento legal com vista a colmatar a falta de consenso entre os Estados-Membros relativamente à definição de terrorismo – a Decisão-Quadro relativa à luta contra o terrorismo.[27] Através desta a UE determinava uma definição comum de terrorismo, uma lista comum de organizações suspeitas de terrorismo e uma lista comum de crimes transfronteiriços graves (MOUNIER 2003, 5-6). A adopção deste instrumento foi não só importante do ponto de vista da cooperação de incidência interna, como também constituiu um incentivo importante à cooperação externa, favorecendo a cooperação com outros países, ou em fóruns internacionais.[28]

Volvidos apenas 11 dias dos atentados terroristas perpetrados em Washington e Nova Iorque, foi ainda elaborado um plano de acção[29] que previa: o combate ao financiamento do terrorismo; a maximização da capacidade dos organismos policiais e judiciais da UE, inclusive dos seus Estados-Membros; o reforço da segurança dos transportes, ao nível internacional; o aperfeiçoamento da capacidade de gestão da UE e dos Estados--Membros na eventualidade de um ataque terrorista; a identificação dos factores em torno do recrutamento; a introdução de cláusulas antiterroristas em acordos com outros países; a intensificação da cooperação bilateral com os Estados Unidos; o combate ao bioterrorismo; a cooperação em fóruns multilaterais. Todas estas linhas de acção foram agrupadas, dando origem ao Plano de Acção da UE contra o terrorismo (Spence 2004, 82). De uma forma geral, este documento definia o *modus operandi* da luta contra o terrorismo levada a cabo pela UE: "[I]t is both an inventory of counterterrorism measures, activities, and instruments of the Union, as well as the platform for a progress-review-process with special reference

---

[27] Conselho da União Europeia. 2002. Decisão-Quadro do Conselho de 13 de Junho de 2002 relativa à luta contra o terrorismo (2002/475/JAI)
[http://eur-lex.europa.eu/smartapi/cgi/sga_doc?smartapi!celexapi!prod!CELEX numdoc&lg=EN&numdoc=
32002F0475&model=guichett].
[28] Até à data, apenas seis Estados-Membros – Alemanha, Itália, França, Espanha, Portugal e Grécia – dispunham de legislação antiterrorista específica, sendo que as várias definições de terrorismo variavam significativamente de país para país.
[29] European Council. 2001. Conclusions and Plan of Action of the Extraordinary European Council Meeting on 21 September 2001
[http://ue.eu.int/ueDocs/cms_Data/docs/pressData/en/ec/140.en.pdf].

to the outlined measures' implementation on the part of the member states" (ZIMMERMANN 2006, 127).

Tendo por objectivo a simplificação do processo de extradição, o Mandado de Detenção Europeu (MDE)[30] foi adoptado, a 13 de Junho de 2002, por forma a facilitar a transferência de criminosos entre Estados--Membros. Este, para além de extinguir a classificação de ofensa política e a nacionalidade como critério legítimo para a recusa da extradição, também dispensava o princípio da dupla incriminação, uma vez que deixa de ser necessário, em 32 casos de ofensas criminais graves, o reconhecimento do crime praticado em ambos os estados (BURES 2007, 17). Por outro lado, ao viabilizar a possibilidade de acordos de extradição entre a UE e outros Estados, nomeadamente os EUA, o MDE também contribuiu para o aumento da credibilidade da UE como um actor crucial na luta contra o terrorismo.

De igual modo, após o 11 de Setembro, o combate ao terrorismo foi identificado como a principal prioridade da Europol. Esta vê assim os seus poderes serem consideravelmente alargados: é estabelecida a "Counter Terrorism Task Force", que reunia peritos de diversos serviços policiais e de intelligence dos respectivos Estados-Membros, e implementada uma diversidade de programas contra-terroristas especializados, designadamente o "Counter Terrorism Program" cujo objectivo consistia na coordenação de todas as actividades da Europol no combate ao terrorismo, incluindo a recolha de informação e avaliação das ameaças (DEFLEM 2007, 344--346). O exemplo da Europol é bem ilustrativo dos problemas com os quais os esforços contra-terroristas da UE se defrontam. A Europol podia constituir a principal ferramenta policial no seio da União, no entanto, à semelhança da União, carece de um mandato robusto e musculado para ser efectivo na sua luta contra o terrorismo (ZIMMERMAN 2006, 132-133).

Tal como a Europol, também a Eurojust[31], estabelecida em Junho de 2002, desempenhou um papel importante no combate ao terrorismo.

---

[30] Council of the European Communities. 2002. Council Framework Decision of 13 June 2002 on the European arrest warrant and the surrender procedures between Member States [http://eurlex.europa.eu/LexUriServ/LexUriServ.do?uri=OJ:L:002:190:0001: 0018:EN:PDF].

[31] Conselho da União Europeia. 2002. Decisão do Conselho, de 28 de Fevereiro de 2002, relativa à criação da Eurojust a fim de reforçar a luta contra as formas graves de criminalidade (2002/187/JAI)

[http://eur-lex.europa.eu/LexUriServ/LexUriServ.do?uri=CELEX:32002D0187: PT:NOT].

A Eurojust, enquanto rede judiciária europeia permanente, dedica-se à cooperação entre autoridades judiciárias no âmbito da investigação e procedimento penal do crime organizado e crime transfronteiriço grave. No caso específico do terrorismo, a Eurojust procura o reforço da cooperação entre magistrados especializados em legislação antiterrorista; além de que, a par da Europol, foi também pedido a esta para intensificar a cooperação judicial com os EUA nesta mesma matéria (DEN BOER 2003, 13). Na prática, para conseguir coordenar todos os casos relacionados com o crime organizado e transfronteiriço e, simultaneamente, melhorar a eficácia das actividades de prevenção e combate ao terrorismo, a Eurojust deve continuar a promover a confiança entre as autoridades judiciárias dos respectivos Estados-Membros (CASALE 2008, 59-60).

Em concreto, os atentados a 11 de Março de 2004, em Madrid, e a 7 de Julho de 2005, em Londres, acentuaram as debilidades da UE e dos respectivos Estados-Membros face à ameaça terrorista. Consequentemente, em Dezembro de 2005, a UE adoptou uma Estratégia Antiterrorista[32], assentando a luta contra o terrorismo em 4 grandes objectivos: prevenir, proteger, perseguir e responder. Subjacente a este documento, estava a ideia de que a União cobria todos os ângulos possíveis do combate ao terrorismo (BOSSONG 2008, 10). A própria configuração do documento remete-nos, desde logo, para a premência de uma resposta antiterrorista transpilarizada. A Estratégia Antiterrorista demonstra ainda como rapidamente a interconexão entre a 'segurança interna' e externa e a emergência de uma abordagem transpilares no contra-terrrismo foram desenvolvidas no seio da UE: "O actor europeu reproduziu o modelo vestefaliano assente na separação entre as dimensões interna e externa da segurança, formalizada através da estrutura em pilares. A complexidade crescente dos desafios securitários exigiu, na década de 1990, a interpilarização e, no pós-pós Guerra Fria, a transpilarização. Estes desenvolvimentos confirmaram a União Europeia como um actor de segurança compreensivo e multifuncional" (BRANDÃO 2010, 60).

De facto, no seguimento dos ataques terroristas de Washington e Nova Iorque, a UE concretizou consideráveis avanços no que toca à construção de uma política contra-terrorista europeia. Devido à longa

---

[32] Council of the European Union. 2005. The European Union Counter-Terrorism Strategy
[http://ec.europa.eu/justice_home/fsj/terrorism/strategies/fsj_terrorism_strategies_counter_en.htm].

história de cooperação entre os Estados europeus no combate ao terrorismo, a estrutura da UE no domínio da JAI demonstrou, por sua vez, ser capaz de se adaptar às exigências do pós-11 de Setembro: "this creation of significant internal EU competences in the counter-terrorism area alongside the adoption of important policy instruments, such as the EAW, or agencies, such as Europol, constructed the European Union as an actor on the international stage of counter-terrorism policy, right across all three pillars due to the parallelism of counter-terrorism activity" (KAUNERT 2009, 57).

No entanto, não nos devemos esquecer que, a coordenação de políticas e instrumentos na luta contra o terrorismo já de si difícil ao nível de um Estado, conheceu um novo patamar de complexidade no seio de uma *polity* multinível. Finalmente, e mais importante ainda, constatamos que, a formalização da cooperação em pilares, não impediu a emergência de uma abordagem transpilares na luta contra o terrorismo. A transpilarização, associada à luta contra o terrorismo, estendeu o *coherence issue* ao domínio da segurança.

Considerações finais

De modo a reagir de forma eficaz aos desafios do pós-Guerra Fria, assistimos ao crescente reconhecimento de duas necessidades por parte dos Estados-Membros: a adopção de uma acção concertada e a externalização da CoPoJuP. Consequentemente, desde a década de 90, a União Europeia deu vários passos na materialização da cooperação no domínio da 'segurança interna' ainda que de natureza intergovernamental. Em retrospectiva, a evolução gradual da UE como actor de segurança, catalisada/ /facilitada pelo ambiente securitário do pós-Guerra Fria, resultou claramente num esforço adicional de cooperação por parte dos Estados-Membros. Ilustrativo disso é a progressiva atribuição de competências à UE em matéria de segurança, particularmente no combate ao terrorismo transnacional.

Associada inicialmente à projecção externa, a construção do actor europeu pós-vestefaliano veio demonstrar a complexidade dos desafios securitários, superando a barreira constrangedora da separação entre as dimensões interna e externa da segurança. Tendo como início os anos 90, o processo de "explicitação do actor de segurança" (BRANDÃO 2010, 52) teve de reagir face à ameaça terrorista transnacional concretizada também em palco europeu. A luta contra o terrorismo transnacional ganhou outra dimensão e a União realizou progressos no sentido de reforçar as suas capacidades. Como tal, optou por uma diversidade de políticas, instrumentos e actores envolvendo os três pilares da União Europeia. A transpilarização tornou mais complexa a actuação europeia, dada a exigência de coordenação entre políticas sujeitas a diferentes processos de decisão, dependendo do pilar envolvido. A isto, cabe ainda acrescentar o carácter *sui generis* do actor europeu que combina dinâmicas inter-trans-supra-estaduais e que, no domínio da segurança, depende da vontade política e dos recursos dos Estados-Membros.

A abordagem compreensiva em reposta a uma ameaça difusa e complexa significou uma nova fase da construção do actor de segurança europeu. No entanto, nunca é de mais sublinhar que União Europeia continua a privilegiar os instrumentos policiais e judiciários na luta contra o terrorismo transnacional.

Bibliografia

BENDIEK, Annegret. 2006. "EU Strategy on Counter-terrorism – Steps towards a Coherent Network Policy." *SWP Research Paper*.
[http://www.cfr.org/publication/12220/].
BENYON, John. 1996. "The Politics of Police Co-operation in the European Union." *International Journal of the Sociology of Law* 24: 353-379.
BOSSONG, Raphael. 2008. "The Action Plan on Combating Terrorism: A Flawed Instrument of EU Security Governance." *Journal of Common Market Studies* 46 (1): 27-48.
[http://www3.interscience.wiley.com/journal/119392262/issue].
———. 2008. "The EU's Mature Counterterrorism Policy – A Critical Historical and Functional Assessment."
[http://www.libertysecurity.org/article2162.html].
BURES, Oldrich. 2008. "Europol's Fledging Counterterrorism Role." *Terrorism and Political Violence* 20 (4): 498-517.
[http://www.informaworld.com/smpp/content~db=all~content=a903338898].
———. 2007. "EU Counterterrorism Policy: A Paper Tiger?" *Terrorism and Political Violence* 18 (1): 57-78.
[http://www.informaworld.com/smpp/title~content=g737727389~db=all].
BRANDÃO, Ana Paula. 2010. "O Tratado de Lisboa e a *Security Actorness* da UE." *Relações Internacionais* 25: 49-63.
———. 2009. "European Union: a Post-Westphalian Security Actor in the Fight against Transnational Terrorism." Paper presented to BISA Annual Conference, Leicester, December 15-17.

CASALE, David. 2008. "EU Institutional and Legal Counter-terrorism Framework." *Defence Against Terrorism Review* 1 (1): 49-78.
[www.tmmm.tsk.mil.tr/publications/datr/04.Davide%20CASALE.pdf].
DEFLEM, Mathieu. 2006. "Europol and the Policing of International Terrorism: Counter--Terrorism in a Global Perspective." *Justice Quarterly* 23 (3): 336-359.
[http://www.cas.sc.edu/socy/faculty/deflem/zeuroterror.htm].
DEN BOER, Monica. 2003. *9/11 and the Europeanisation of Anti-terrorism Policy: a Critical Assessment*. Notre Europe Policy Papers 6.
[http://www.notre-europe.eu/en/axes/].
──────. 2000. "The Fight against Terrorism in the Second and Thirds Pillars of the Maastricht Treaty: Complement or Overlap?" In Fernando Reinares, ed. *European Democracies Against Terrorism: Governmental Policies and Intergovernmental Cooperation*. Aldershot: Ashgate: 211-222.
DUMITRIU, Eugenia. 2004. "The EU's Definition of Terrorism: The Council Framework Decision on Combating Terrorism." *German Law Journal* 5.
[http://www.germanlawjournal.com/article.php?id=434].
EDWARDS, Geoffrey e Christoph MEYER. 2008. "Editors' Introduction: Charting a Contested Transformation." *Journal of Common Market Studies* 46 (1): 1-25.
[http://www3.interscience.wiley.com/journal/119392262/issue].
KAUNERT, Christian. 2009. "The External Dimension of EU Counter-Terrorism Relations: Competences, Interests, and Institutions." *Terrorism and Political Violence* 22(1): 41-61.
[http://www.informaworld.com/smpp/content~content=a917964272~db=all~jumptype=rss].
KIRCHNER, Emil e James SPERLING. 2007. *EU Security Governance*. Manchester: Manchester University Press.
LAVRANOS, Nikolaos. 2003. "Europol and the fight against terrorism." *European Foreign Affairs Review* 8: 259-275.
[http://www.kluwerlawonline.com/toc.php?area=Journals&mode=bypub&level=6&values=Journals%7E%7EEuropean+Foreign+Affairs+Review%7EVolume+8+%282003%29%7EIssue+2].
LUGNA, Lauri. 2006. "Institutional Framework of the European Union Counter--terrorism Policy Setting."
[http://www.bdcol.ee/?id=64].
MONAR, Jorg. 2007. "The EU's Approach Post-September 11: Global Terrorism as a Multidimensional Law Enforcement Challenge." *Cambridge Review of International Affairs* 20 (2): 267-282.
[http://www.informaworld.com/smpp/content~db=all~content=a779770648].
──────. 2006. "Cooperation in the Justice and Home Affairs Domain: Characteristics, Constraints and Progress." *Journal of European Integration* 28 (5): 495-509
[http://www.informaworld.com/smpp/content~db=all~content=a759243309~tab=citations].

MOUNIER, Gregory. 2003. "The Impact of "9/11" on the Development of an Area of Freedom Security and Justice."
[www.gregorymounier.eu/resources/Paper+on+9+11.pdf].
OCCHIPINTI, John D. 2003. *The Politics of EU Police Cooperation – Toward a European FBI?*. Bolder: Lynne Rienner Publishers.
REES, W. 2008. "Inside Out: the External face of EU Internal Security Policy." *Journal of European Integration* 30 (1): 97-111.
[http://www.informaworld.com/smpp/content~content=a792024830~db=jour~order=page].
———. 2005. "The External Face of International Security." In *International Relations and the European Union*. Christopher Hill e Michael Smith ed. Oxford: Oxford University Press: 205-224.
SPENCE, David. 2004. "International Terrorism: the Quest for a Coherent EU Response."
[http://www.iehei.org/bibliotheque/terrorisme.htm].
WOLFF, Sarah et al. 2009. "The External Dimension of Justice and Home Affairs: A Different Security Agenda for the EU?" *Journal of European Integration* 31 (1): 9-23.
[http://dx.doi.org/10.1080/07036330802503817].
ZIMMERMANN, Doron. 2006. "The European Union and Post-9/11 Counterterrorism: A Reappraisal." *Studies in Conflict & Terrorism* 29 (2): 123-145.
[http://www.informaworld.com/smpp/content~db=all?content=10.1080/10576100500522215].

NOTAS SOBRE OS AUTORES

ANA PAULA BRANDÃO é investigadora do Núcleo de Investigação em Ciência Política e Relações Internacionais (NICPRI) e professora de Relações Internacionais da Universidade do Minho. É doutorada em Ciência Política e Relações Internacionais, Mestre em Estudos Europeus e licenciada em Relações Internacionais pela Universidade do Minho. Na qualidade de docente da Secção de Ciência Política e Relações Internacionais, é responsável pelas unidades curriculares de "Segurança Internacional", "Segurança Global", "Instituições e Políticas da União Europeia", "A União Europeia no Sistema Internacional", "Política Internacional" e "Metodologia da Investigação". Em 2008, recebeu o 'Prémio de Mérito Docente' atribuído pela Pró-Reitoria para a Avaliação e Qualidade do Ensino da Universidade do Minho. Desempenhou os cargos de Directora do Curso de Licenciatura em Relações Internacionais, Directora do Curso de Mestrado em Relações Internacionais e Coordenadora da Auto-avaliação da Licenciatura em Relações Internacionais. É, presentemente, Directora do Mestrado em Estudos Europeus e do Mestrado em Políticas Comunitárias e Cooperação Internacional. Foi auditora do Curso de Defesa Nacional, colaboradora do Grupo de Estudos 'Peacekeeping em África' e membro do Grupo de Estudos 'Conceito Estratégico' (Instituto de Defesa Nacional). É membro fundador e coordenadora da *Portuguese Security Studies Network* (PT-SSN). É investigadora responsável dos projectos POCI/57413/2004 e PTDC/CPO/64365//2006 financiados pela Fundação para a Ciência Tecnologia. Os interesses de investigação e as publicações incidem sobre os Estudos de Segurança (reconceptualização da segurança, segurança europeia, segurança humana) e os Estudos Europeus (sistema político da UE, política externa europeia e *actorness*, PESC/PESD, cooperação no domínio dos assuntos internos).

DIANA FERREIRA OLIVEIRA é mestranda em Estudos Europeus e licenciada em Relações Internacionais pela Universidade do Minho. É bolseira de investigação do projecto PTDC/CPO/64365 financiado pela Fundação para Ciência e Tecnologia (FCT) e colaboradora do Núcleo de Investigação em Ciência Política e Relações Internacionais (NICPRI).

MANUEL MONTEIRO GUEDES VALENTE é Director do Centro de Investigação e Professor do Instituto Superior de Ciências Policiais e Segurança Interna (ISCPSI). É Professor Auxiliar Convidado e colaborador do Centro de Investigação e Desenvolvimento em Direito (CIDED) da Universidade Autónoma de Lisboa (UAL), e colaborador da equipa de investigação Direitos Humanos – Centro de Investigação Interdisciplinar da Escola de Direito da Universidade do Minho. Encontra-se a terminar o doutoramento em Direito (Penal) na Universidade Católica Portuguesa. É Mestre em Direito – na especialidade de Ciências Jurídico-Criminais – pela Faculdade de Direito da Universidade de Coimbra, Pós-Graduado em Direito pela Faculdade de Direito da Universidade de Coimbra, Pós--Graduado em Gestão de Políticas de Segurança Pública pela Academia Nacional da Polícia Federal (Brasil) e Licenciado em Ciências Policiais pela Escola Superior de Polícia. Tem mais de 90 títulos jurídicos, publicados em Portugal e no estrangeiro, nas áreas do Direito Penal, do Direito Processual Penal, do Direito Penal Europeu, do Direito de Menores e da Segurança Interna. É membro fundador da *Portuguese Security Studies Network* (Pt-SSN) e membro do Conselho Consultivo do Observatório de Segurança, Criminalidade Organizada e Terrorismo (OSCOT). É Director Executivo da *Galileu – Revista de Economia e Direito* da UAL, fundador e coordenador da revista *POLITEIA* do ISCPSI e coordenador de várias obras, de seminários e de congressos científicos, assim como tem proferido conferências em universidades e instituições públicas e privadas, nacionais e estrangeiras.

MARIA RAQUEL FREIRE é investigadora do Centro de Estudos Sociais e professora de Relações Internacionais da Faculdade de Economia da Universidade de Coimbra. É doutorada em Relações Internacionais pela Universidade de Kent, Reino Unido, mestre em Relações Internacionais pela mesma universidade e licenciada em Relações Internacionais pela Universidade do Minho. É membro do Conselho Editorial da Global

Society, Journal of Interdisciplinary International Relations, do Conselho Editorial e de Aconselhamento da London Security Policy Study Series, Institute of Security Policy, Londres, e do Conselho Editorial da Revista Relações Internacionais. É membro fundador da Portuguese Security Studies Network (Pt-SSN), sendo responsável pelas relações externas da rede. Os seus interesses de investigação centram-se nos estudos para a paz, teorias de Relações Internacionais, política externa, Rússia e espaço da ex-União Soviética. Tem publicados nestas áreas vários capítulos em livros e artigos em revistas científicas nacionais e estrangeiras. Os seus projectos de investigação actuais centram-se na análise da política externa russa e das políticas de segurança europeias.